Microsoft Windows PowerShell

Microsoft Windows PowerShell

David Rodríguez de Sepúlveda Maillo

(Ilustrado por María del Mar Sánchez Cervantes)

La ley prohíbe fotocopiar este libro

Microsoft Windows PowerShell
© Autor David Rodríguez de Sepúlveda Maillo
© De la edición: Ra-Ma 2016
© De la edición: ABG Colecciones 2020

MARCAS COMERCIALES. Las designaciones utilizadas por las empresas para distinguir sus productos (hardware, software, sistemas operativos, etc.) suelen ser marcas registradas. RA-MA ha intentado a lo largo de este libro distinguir las marcas comerciales de los términos descriptivos, siguiendo el estilo que utiliza el fabricante, sin intención de infringir la marca y solo en beneficio del propietario de la misma. Los datos de los ejemplos y pantallas son ficticios a no ser que se especifique lo contrario.

RA-MA es marca comercial registrada.

Se ha puesto el máximo empeño en ofrecer al lector una información completa y precisa. Sin embargo, RA-MA Editorial no asume ninguna responsabilidad derivada de su uso ni tampoco de cualquier violación de patentes ni otros derechos de terceras partes que pudieran ocurrir. Esta publicación tiene por objeto proporcionar unos conocimientos precisos y acreditados sobre el tema tratado. Su venta no supone para el editor ninguna forma de asistencia legal, administrativa o de ningún otro tipo. En caso de precisarse asesoría legal u otra forma de ayuda experta, deben buscarse los servicios de un profesional competente.

Reservados todos los derechos de publicación en cualquier idioma.

Según lo dispuesto en el Código Penal vigente, ninguna parte de este libro puede ser reproducida, grabada en sistema de almacenamiento o transmitida en forma alguna ni por cualquier procedimiento, ya sea electrónico, mecánico, reprográfico, magnético o cualquier otro sin autorización previa y por escrito de RA-MA; su contenido está protegido por la ley vigente, que establece penas de prisión y/o multas a quienes, intencionadamente, reprodujeren o plagiaren, en todo o en parte, una obra literaria, artística o científica.

Editado por:
RA-MA Editorial

Colección American Book Group - Informática y Computación - Volumen 30.
ISBN No. 978-168-165-734-9
Biblioteca del Congreso de los Estados Unidos de América: Número de control 2019935066
www.americanbookgroup.com/publishing.php

Maquetación: Antonio García Tomé
Diseño de portada: Antonio García Tomé
Ilustraciones: María del Mar Sánchez Cervantes
Arte: Freepik
Código para acceder al contenido en línea: 9788499646305

*Una nueva lucha, una nueva victoria.
Mar, gracias por enseñarnos lo que es la entereza.*

ÍNDICE

AGRADECIMIENTOS 11
INTRODUCCIÓN 13
CAPÍTULO 1. HISTORIA, EVOLUCIÓN Y ACTUALIDAD 15
    1.1   ¿QUÉ ES MICROSOFT WINDOWS POWERSHELL? 15
    1.2   NOVEDADES FRENTE AL CMD CLÁSICO 16
    1.3   REQUISITOS 17
    1.4   VERSIONES 17
    1.5   EJERCICIOS 18
CAPÍTULO 2. INSTALACIÓN Y PRIMEROS PASOS 19
    2.1   OBTENCIÓN DEL SOFTWARE 19
    2.2   PRIMERA EJECUCIÓN DE MICROSOFT POWERSHELL 21
    2.3   ACTUALIZAR VERSIONES 23
    2.4   EJERCICIOS 26
CAPÍTULO 3. LA CONSOLA MICROSOFT
WINDOWS POWERSHELL 27
    3.1   ELEMENTOS DE LA CONSOLA 27
            3.1.1   Propiedades de la consola 29
            3.1.2   Generar un perfil personal 31
    3.2   TECLAS RÁPIDAS 32
    3.3   TIPOS DE COMANDOS QUE PODEMOS ENCONTRAR 34
            3.3.1   Cmdlets 35
            3.3.2   Alias 35
            3.3.3   Funciones 36
    3.4   EJERCICIOS 36

CAPÍTULO 4. TRABAJANDO CON CMDLETS 37
4.1 COMPROBAR LA VERSIÓN INSTALADA 37
4.2 CONCEPTOS PREVIOS 39
4.3 NOMENCLATURA 40
4.4 LOS CMDLETS PRINCIPALES 42
    4.4.1 Cmdlets para archivos y carpetas 42
    4.4.2 Cmdlets para formatear la salida 47
    4.4.3 Trabajar con el registro 49
    4.4.4 Otros cmdlets de interés 50
4.5 REDIRECCIÓN 53
4.6 USO DE TUBERIAS 54
4.7 CARACTERES COMODÍN 55
4.8 ALIAS 57
    4.8.1 Crear alias 58
4.9 EJERCICIOS 59

CAPÍTULO 5. LA AYUDA 61
5.1 ACTUALIZAR LA AYUDA 61
5.2 FUNCIONAMIENTO 64
    5.2.1 Ayuda asociada a un cmdlet 65
    5.2.2 Ayuda modular 67
5.3 AYUDA ONLINE 68
5.4 CMDLETS QUE PODEMOS UDAR COMO AYUDA 70
    5.4.1 Listar los cmdlets 70
    5.4.2 Ayuda gráfica 71
5.5 EJERCICIOS 73

CAPÍTULO 6. MICROSOFT WINDOWS POWERSHELL ISE 75
6.1 ÁREA DE TRABAJO 76
6.2 PERSONALIZACIÓN DEL ENTORNO 77
    6.2.1 Configuración general 78
6.3 VENTAJAS 79
6.4 CREAR UN PERFIL PERSONALIZADO 80
6.5 DEPURADOR 82
6.6 EJERCICIOS 84

CAPÍTULO 7. SCRIPTING. CONCEPTOS INICIALES 85
7.1 MI PRIMER *SCRIPT* 85
7.2 COMENTARIOS 86
7.3 VARIABLES 87
    7.3.1 Trabajar con variables 88
    7.3.2 Variables especiales 90

- 7.4 ARRAYS 91
- 7.5 OPERADORES BINARIOS 92
- 7.6 ENTRADA Y SALIDA 93
  - 7.6.1 Entrada de datos 93
  - 7.6.2 Entrada desde fichero de texto 93
  - 7.6.3 Entrada desde la llamada del *script* 94
  - 7.6.4 Salida de datos 94
  - 7.6.5 Salida de datos a fichero 94
- 7.7 OTROS ELEMENTOS 95
- 7.8 EJERCICIOS 95

CAPÍTULO 8. SCRIPTING. FECHAS Y WINDOWS FORM 97
- 8.1 TIPO FECHA 97
  - 8.1.1 Formatos predefinidos y personales 98
  - 8.1.2 Manipular fechas almacenadas en variables 100
- 8.2 WINDOWS FORMS 100
  - 8.2.1 Incluir la librería Windows Forms en nuestro *script* 101
  - 8.2.2 Creación de un formulario 101
  - 8.2.3 Personalización inicial 102
  - 8.2.4 Incluir elementos 102

CAPÍTULO 9. SCRIPTING. FLUJOS Y FUNCIONES 107
- 9.1 OPERADORES 107
  - 9.1.1 Operadores para comparación 107
  - 9.1.2 Operadores lógicos 108
- 9.2 TIPOS DE FLUJOS 109
  - 9.2.1 Flujos condicionales 109
  - 9.2.2 Flujos repetitivos 111
- 9.3 FUNCIONES 113
  - 9.3.1 Funciones avanzadas 115
- 9.4 EJERCICIOS 116

CAPÍTULO 10. SEGURIDAD 117
- 10.1 SEGURIDAD PREVIA 117
- 10.2 POLÍTICAS DE EJECUCIÓN 118
- 10.3 BLOQUEAR Y DESBLOQUEAR *SCRIPTS* 119
- 10.4 FIRMAR *SCRIPTS* 120
  - 10.4.1 Creación de un certificado propio 120
  - 10.4.2 Firmar nuestro *script* 121
- 10.5 INFORMACIÓN DE LA POLÍTICA ASIGNADA 123
- 10.6 ASIGNACIÓN DE UNA POLÍTICA 123
- 10.7 TRABAJAR CON LOS ÁMBITOS DE EJECUCIÓN 124
- 10.8 EJERCICIOS 125

CAPÍTULO 11. GESTIÓN DE PAQUETES **127**
    11.1   INTRODUCCIÓN 127
    11.2   TRABAJAR CON PAQUETES 130
              11.2.1   Buscar paquetes 130
              11.2.2   Instalar paquetes 131
              11.2.3   Eliminar paquetes instalados 132
              11.2.4   Listar los paquetes instalados 132
    11.3   TRABAJAR CON LOS PROVEEDORES 133
              11.3.1   Listar los proveedores disponibles 133
              11.3.2   Instalar proveedores 134

CAPÍTULO 12. EJEMPLOS DE USO **135**
    12.1   SCRIPT NÚMERO 1 135
    12.2   SCRIPT NÚMERO 2 138
    12.3   SCRIPT NÚMERO 3 141

ANEXO I. LISTADO DE CMDLETS **147**

ANEXO II. HOJAS RESUMEN **151**

ANEXO III. ZENITY **155**

MATERIAL ADICIONAL **163**

ÍNDICE ALFABÉTICO **165**

AGRADECIMIENTOS

Sé que este es un libro de temática técnica y que yo soy su humilde redactor. Pero también sé que como persona, profesional y eslabón central de una cadena, mi trabajo hace que el conocimiento compartido por otras personas enriquezca a su vez a quien me lee.

Yo soy miembro del Estado español, que pertenece a la Unión Europea, algo que en términos de geografía nos limita a un territorio, pero que no es más que una parte del entramado de comunicaciones transoceánicas global y que a todos los territorios une en mayor o menor medida.

Esta interconexión, llevada a cabo por los sistemas de comunicación de fibra global, me hace pensar en lo relativo de la territorialidad, e igualmente me obliga a escribir estos agradecimientos técnicos y humanos.

La tecnología no existiría ni avanzaría sin el factor humano que la crea. ¿Por qué entonces estamos observando tanta carencia de humanidad y egoísmo en el entorno que nos rodea, en nuestra Europa?

Como empecé diciendo, no quiero perder el norte en la redacción, pero tampoco la humanidad.

Gracias, por tanto, a quien me enseñó que todas las personas son necesarias para que nuestro sistema tecnológico pueda sostenerse y mejorar. Gracias a las ONG que no permiten que el futuro de mi profesión avance con la pérdida de posibles profesionales que podrían aportar grandes mejoras.

En definitiva, como dijo Albert Einstein, alemán judío, emigrante/refugiado y sobre todo científico: "El espíritu humano debe prevalecer sobre la tecnología".

INTRODUCCIÓN

Esta obra lo que ha pretendido conseguir desde el comienzo de su desarrollo, y lo que busca tras la lectura del lector, es que se pueda trabajar con Microsoft Windows PowerShell de una manera inmediata e independientemente de la versión que se posea de Microsoft Windows. El desarrollo, por tanto, ha tenido un enfoque práctico con referencias a la realidad teórica de este modelo de programación, intentando de esta manera que el contenido resulte lo más útil y funcional posible.

Cierto es que Microsoft Windows PowerShell no es solo lo que aquí se muestra, pero la extensión de la obra y el planteamiento de desarrollo anteriormente expuesto nos obliga a abordar aspectos concretos del mismo.

Se espera de esta manera que el lector encuentre en la obra un modelo ameno de exposición y que su utilidad coincida con lo esperado.

A lo largo de la obra encontrará anotaciones, ejemplos prácticos o pequeños trucos que pretenderán aclarar y hacer el proceso de lectura más fácil.

Cada uno de los iconos utilizados a lo largo de la obra que aportan información extra son:

NOTA
Información extra de carácter general.

1

HISTORIA, EVOLUCIÓN Y ACTUALIDAD

Microsoft Windows ha ido cambiando y buscando mantener su posición dentro de los usuarios de informática independientemente del nivel profesional en que se ubiquen. Esto ha hecho que se aventure en cambios estéticos y funcionales, así como estructurales. Quizás la parte estructural en la que han fortalecido la seguridad de sus sistemas sea una de las principales áreas donde han trabajado.

Dentro de este apartado estructural es donde yo incluiría los cambios que se han aportado con la inclusión de la consola de Microsoft Windows PowerShell, una consola que no sería extraño pensar que terminará sustituyendo totalmente a la hasta ahora emblemática pero insegura **cmd** (*comand Shell*).

Antes de empezar a trabajar con esta consola y todas las posibilidades que nos aporta, veamos cuál ha sido su corta historia, los requisitos y sus versiones.

Figura 1.1. Logotipo Microsoft Windows PowerShell

1.1 ¿QUÉ ES MICROSOFT WINDOWS POWERSHELL?

Cuando hablamos de Microsoft Windows PowerShell estamos refiriéndonos a la actual consola de comandos o CLI (*Command-Line Interface*). Esta consola nos aporta la posibilidad de trabajar directamente sobre ella, así como poder automatizar tareas gracias a la creación de pequeños programas o *scripts*.

Microsoft Windows PowerShell es una consola con mucha más funcionalidad e interacción de la que hemos podido gozar en su antecesora. De manera que la hace una consola imprescindible para aquellos administradores que quieran trabajar con Microsoft Windows Server.

> **NOTA**
> Hasta 2006, Microsoft Windows PowerShell era conocida y publicitada por parte de Microsoft con el nombre de **Monad**. Podemos ver los artículos iniciales en la página web de la propia Microsoft. *https://technet.microsoft.com/en-us/magazine/2005.11.scripting.aspx*

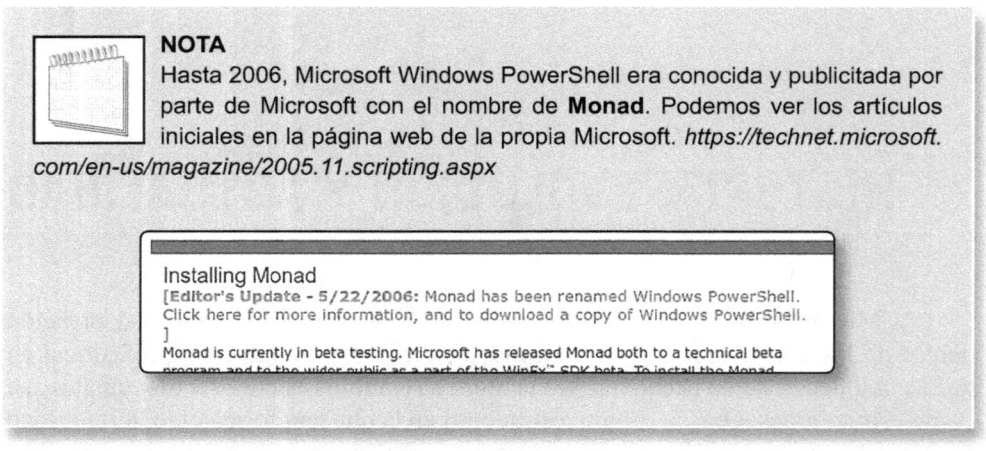

1.2 NOVEDADES FRENTE AL CMD CLÁSICO

La consola **cmd** de Microsoft Windows ha estado presente en los sistemas operativos de Microsoft desde sus versiones DOS hasta Windows 7. En las versiones posteriores de Microsoft Windows 7, es decir, desde la 8 a la actual 10 y en las actuales Microsoft Server, no es que hayan eliminado la **cmd** clásica en pro de esta nueva conocida como Microsoft Windows PowerShell, sino que conviven ambas. De manera que si queremos usar Microsoft Windows PowerShell la tendremos que ejecutar de manera independiente y consciente.

Microsoft Windows PowerShell se puede definir como un programa que permite a los usuarios privilegiados o administradores el acceso a los diferentes servicios vinculados al núcleo del sistema. El porqué del interés en el uso de esta consola es porque nos aportará un modelo de trabajo más rápido para el desarrollo de algunas tareas, gracias a la liberación de cargas, entre otras la gráfica. Aunque en el antiguo **cmd** también se podían realizar parte de estas tareas, Microsoft Windows PowerShell ha ampliado con creces el abanico.

En cuanto al desarrollo de *scripts* o programas administrativos, Microsoft Windows PowerShell ha dotado a su sistema de *scripting* del concepto de seguridad del que **cmd** carecía. De esta manera, si un usuario malintencionado generase un código malicioso no se podría ejecutar de manera automática en nuestra maquina sin pasar por unos parámetros de seguridad. Algo que en la antigua **cmd** nos dejaba "vendidos" en multitud de casos.

A este aumento de la seguridad, se le suma la interacción directa con el *framework* .NET.

NOTA
Aunque han cambiado multitud de cosas, no hay que asustarse, pues el personal de desarrollo de Microsoft ha tenido en cuenta la migración de usuarios y ha facilitado su uso gracias a los **alias**.

1.3 REQUISITOS

Los requisitos son pocos, por no decir único. Para su correcto funcionamiento se requiere tener instalado el *framework* .NET versión 3.0.

NOTA
Aunque con la versión de *framework* .NET versión 2.0 podría valer, se recomienda tener instalada la versión 3.0 para el correcto funcionamiento de servicios complementarios, como es el Microsoft Windows PowerShell ISE.

1.4 VERSIONES

Microsoft Windows PowerShell ha pasado por 5 versiones, siendo la actual durante el desarrollo de esta obra la versión 5.

- ▼ Versión 1.0, convivió con Microsoft Windows XP y Server 2013. Su descarga independiente era necesaria, al no ser aportado con los sistemas operativos en el proceso de instalación.

- ▼ Versión 2.0, incluyó Microsoft Windows PowerShell ISE, un entorno de desarrollo que facilitaba la programación de *scripts*. Se incluyó en Microsoft Windows 7 y Server 2008 R2.

- ▼ Versión 3.0, mejoró el flujo de trabajo y amplió el número de comandos útiles conocido como **cmdlets**.

▼ Versión 4.0, incluye soporte para flujo de trabajo y la depuración de *scripts* remoto, mejora el soporte para la descarga de ayuda de manera que sea actualizable y mejora el rendimiento.

▼ Versión 5.0, nuevos cmdlets, entre los que incluiremos algunos que nos permitirán trabajar con ficheros .zip, o manejador de paquetes que permitirá instalación o desinstalación de programas remotos a través de la consola. Coloreado de sintaxis. La *preview* fue liberada en abril de 2015.

NOTA
Si se está interesado en ver las diferencias existentes en relación a la versión de soporte de cada una de las versiones, se recomienda acudir a la las notas técnicas de Microsoft en la web *https://technet.microsoft.com/en-us/library/dn997309%28v=sc.16%29.aspx*

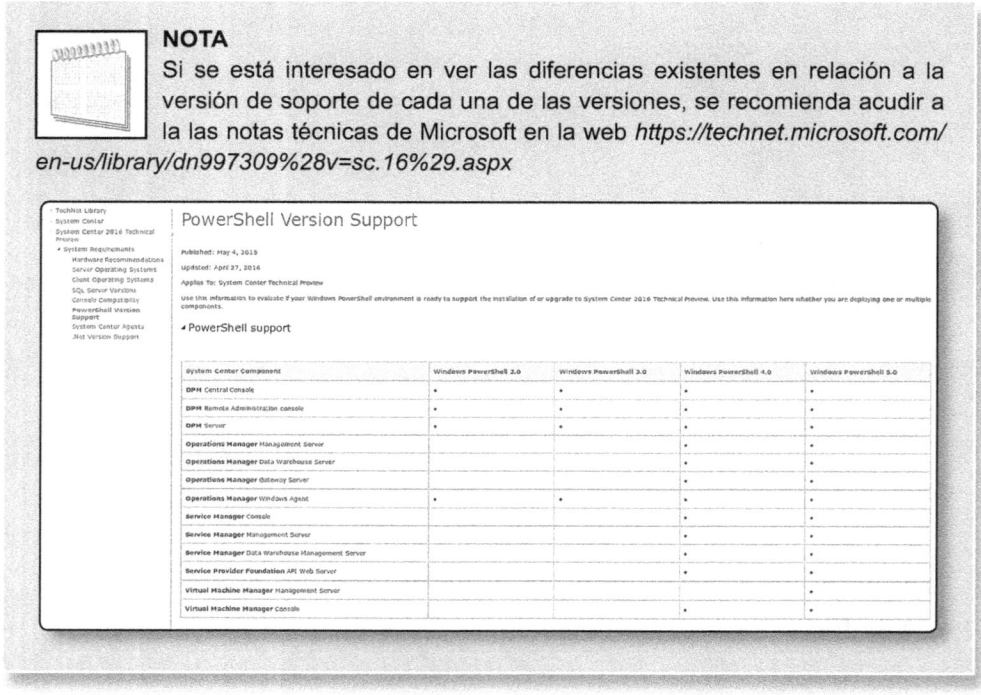

1.5 EJERCICIOS

1. Investigar lo que en un principio fue el proyecto Monad y que ha quedado de él finalmente en Microsoft Windows PowerShell. Para ello hacer uso del artículo original publicado en las notas técnicas de Microsoft *https://technet.microsoft.com/en-us/magazine/2005.11.scripting.aspx*.

2. Buscar en la Wikipedia la palabra **Batch** con la intención de saber qué era y cómo se usaba el clásico **CMD**.

3. Ver qué es el *framework* .NET. Hacer uso de Internet para ello.

2

INSTALACIÓN Y PRIMEROS PASOS

Lógicamente lo primero que tendremos que hacer es asegurarnos de que en nuestro sistema operativo Microsoft Windows contamos con Microsoft Windows PowerShell instalado. Por lo tanto, recorreremos el proceso para asegurarnos de ello, y en caso de no ser así, instalarlo.

NOTA
Para todo el proceso de exposición de esta obra vamos a trabajar con Microsoft Windows 10 Profesional y Microsoft Server, salvo en el proceso de actualización que se realizará desde un Microsoft Windows 7.

2.1 OBTENCIÓN DEL SOFTWARE

Lo normal es que en Microsoft Windows 10, Microsoft Windows PowerShell ya venga instalado como parte del *software* inicial. En cualquier caso, tanto si queremos instalarlo por no tenerlo incluido, como si queremos desinstalarlo, lo que tendremos que hacer es entender que en los actuales sistemas operativos de Microsoft, Microsoft Windows PowerShell es una característica más de estos.

Para acceder a las características de Microsoft Windows PowerShell pulsaremos sobre el **área de búsqueda de Cortana** y escribiremos en ella **"Panel de control"**, luego en la ventana que se abre seleccionaremos **Programas**.

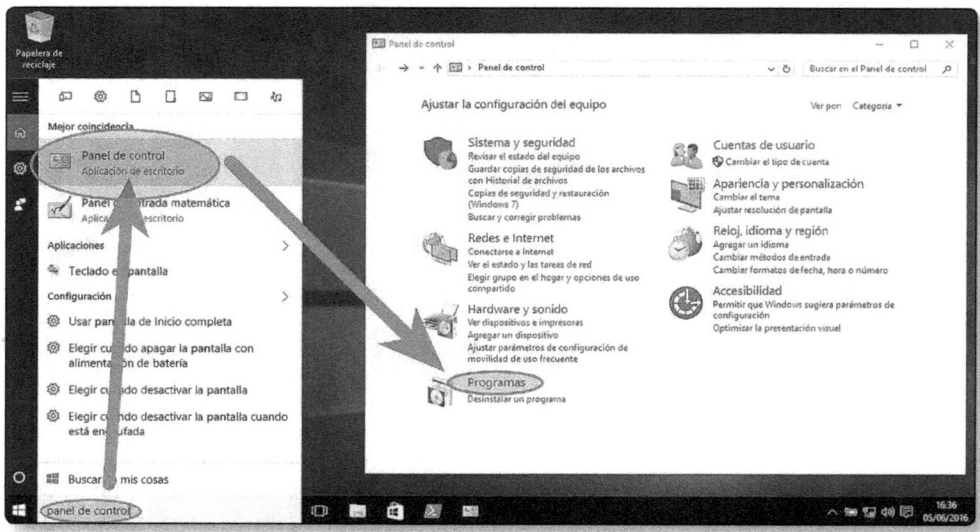

Figura 2.1. Acceso al área de instalación o desinstalación de programas

Una vez aquí tendremos que pulsar sobre la opción **Activar o desactivar características de Windows.**

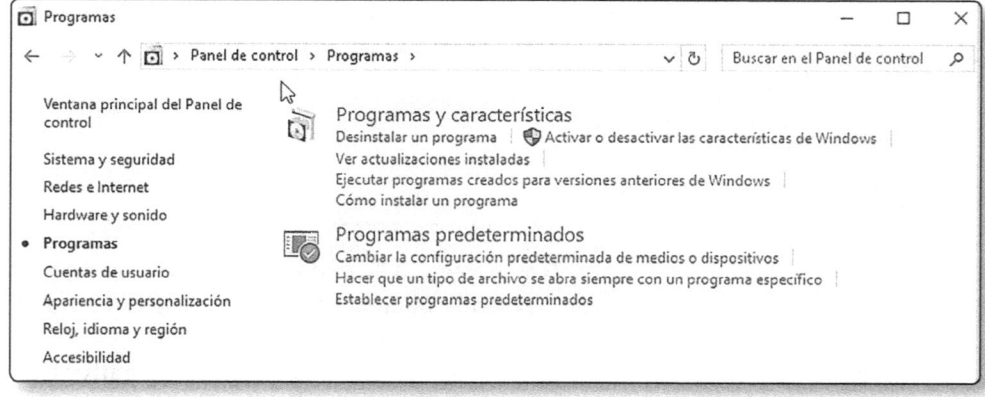

Figura 2.2. Opciones dentro de Programas del Panel de control

Se nos abrirá una nueva ventana en la que se nos mostrarán todas las características instaladas (o no) que tenemos disponibles en nuestro sistema operativo Microsoft Windows.

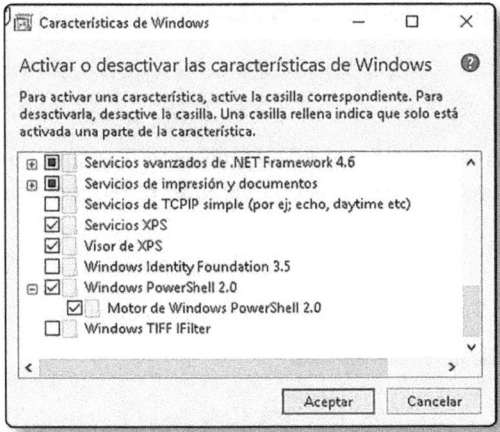

Figura 2.3. Características de Microsoft Windows

Bajaremos hasta **Windows PowerShell 2.0** y nos aseguraremos de que está marcada, de no ser así la marcaremos para que se inicie su instalación. Finalmente, pulsaremos sobre **Aceptar** para que se aplique los cambios.

2.2 PRIMERA EJECUCIÓN DE MICROSOFT POWERSHELL

Ya solo queda comprobar que efectivamente tenemos instalado correctamente Microsoft Windows PowerShell. Para ello, haremos uso de nuevo de **Cortana**. En este caso bastará con buscar el término **PowerShell**, y si todo es correcto veremos que, como resultado, se nos muestran dos opciones: Microsoft Windows PowerShell y Microsoft Windows PowerShell ISE.

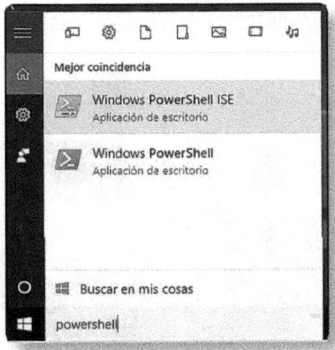

Figura 2.4. Comprobación de la instalación de Microsoft Windows PowerShell

Ya solo quedaría pulsar sobre el elemento deseado y esperar que se abra la consola asociada.

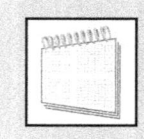

NOTA
Si lo queremos abrir en modo administrador, pulsaremos el clic de ratón derecho sobre él y elegiremos **Ejecutar como administrador**.

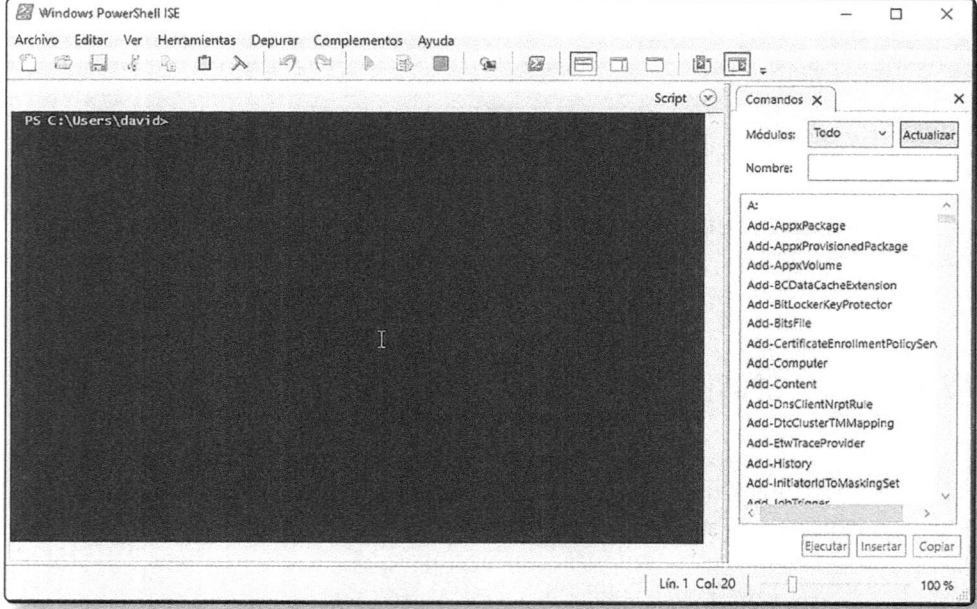

Figura 2.5. Primera ejecución de Microsoft Windows PowerShell ISE

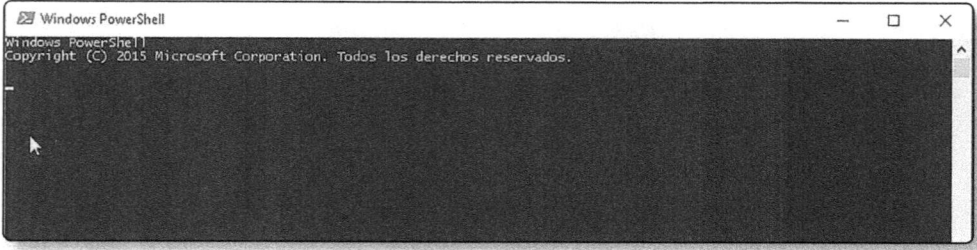

Figura 2.6. Primera ejecución de Microsoft Windows PowerShell

2.3 ACTUALIZAR VERSIONES

Dependiendo de la versión que tengamos instalada de Microsoft Windows, tendremos instalado igualmente una versión de Microsoft Windows PowerShell.

Por ejemplo, en Microsoft Windows 7 tenemos instalado de forma nativa a Microsoft Windows PowerShell 2.0. ¿Quiere decir esto que esta versión de Microsoft Windows solo puede trabajar con Microsoft Windows PowerShell de esta versión? No.

Si queremos actualizar a una versión posterior deberemos realizar una serie de pasos y deberemos igualmente tener en cuenta unas premisas.

1. Lo primero es saber qué versión de Microsoft .NET Framework se necesita para la versión Microsoft Windows PowerShell que queremos instalar.

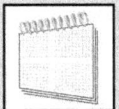
NOTA
Para saber la versión que tenemos instalada accederemos a **Regedit** y dentro de él a la subclave del registro **HKEY_LOCAL_MACHINE\ SOFTWARE\Microsoft\NET Framework Setup\NDP**.

En el árbol bajo **NDP** veremos las versiones que hemos instalado, siendo la mayor la más reciente.

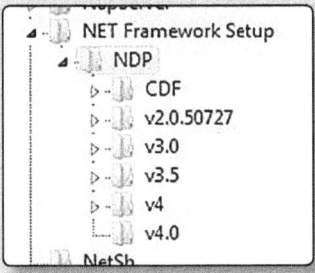

Si tenemos la versión 4, no la 4.0, deberemos entrar en dicha subclave para ver qué versión tenemos exactamente y abriremos la subclave **FULL** y nos centraremos en el valor DWORD **Release**. Si existe dicho valor es porque la versión es 4.5 o superior. Dependiendo de su valor entre paréntesis indicará una versión u otra.

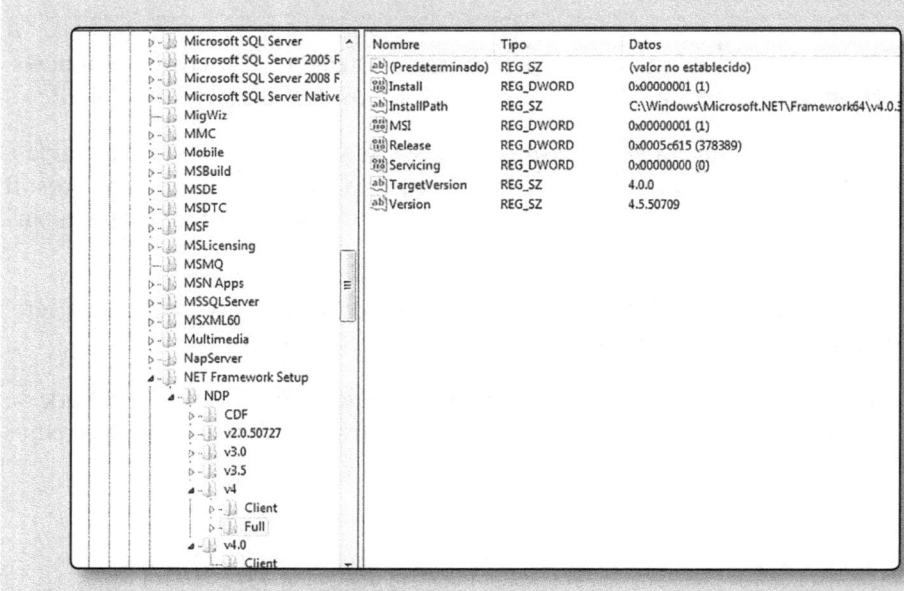

- 378389: Versión 4.5
- 378675 o 378758: versión 4.5.1
- 379893: versión 4.5.2
- 393295 o 393297: versión 4.6
- 394254 o 394271: versión 4.6.1

De no tener la versión en cuestión, deberemos desinstalar la versión presente e instalar la nueva.

Podemos descargar la versión desde la dirección web de Microsoft *https://msdn.microsoft.com/es-es/library/5a4x27ek%28v=vs.110%29.aspx*

NOTA

En la dirección web *https://msdn.microsoft.com/es-es/library/bb822049%28v=vs.110%29.aspx*, podemos ver las diferentes versiones de Microsoft Framework. Igualmente, podemos ver qué versión viene instalada con cada una de las versiones de Microsoft Windows.

2. Accederemos a la dirección web *https://www.microsoft.com/en-us/download/details.aspx?id=50395*, donde se encuentra la última versión y descargaremos el paquete **Windows Management Framework 5.0** para la versión de Microsoft Windows que tengamos.

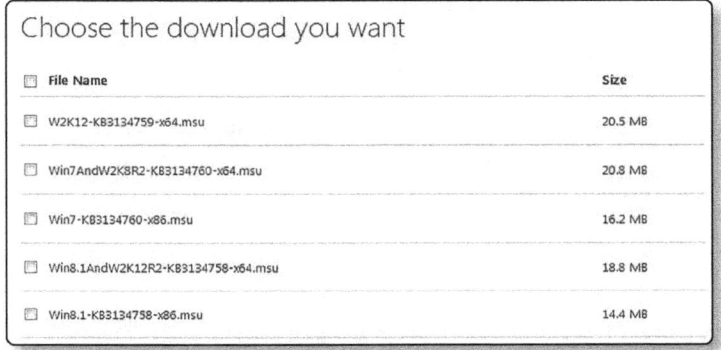

Figura 2.7. Descargar la última versión de Microsoft Windows PowerShell

Una vez descargado, el proceso de instalación no tiene mayor complejidad que **Aceptar la licencia de uso**.

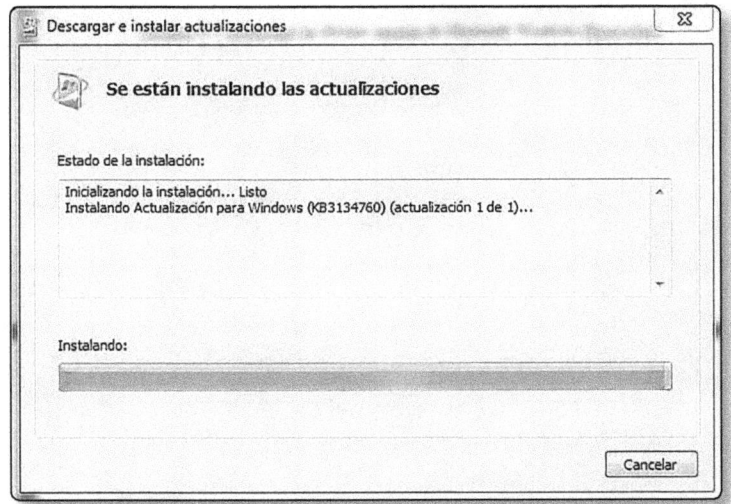

Figura 2.8. Actualización de Microsoft Windows Management

3. Por último, tendremos que reiniciar el sistema operativo.

2.4 EJERCICIOS

1. Comprobar la correcta instalación de Microsoft Windows PowerShell en nuestro sistema operativo Microsoft Windows.

2. Abrir tanto Microsoft Windows PowerShell, como ISE y dedicarle unos minutos a familiarizarnos con ellos. En capítulos posteriores se describirán con mayor profundidad.

3. En una maquina virtual, instalar una versión de Microsoft Windows 7 de evaluación y proceder a la actualización de Microsoft Windows PowerShell.

3

LA CONSOLA MICROSOFT WINDOWS POWERSHELL

Cuando hemos comprobado que todo es correcto y que efectivamente tenemos instalado Microsoft Windows PowerShell, lo siguiente que toca es entender en primer caso la consola y sus modelos de personalización.

3.1 ELEMENTOS DE LA CONSOLA

La primera impresión de la consola no nos aporta gran información, de hecho uno puede pensar que no podemos hacer nada más allá de la ejecución de cdmlets o comandos en ella. Pero lo cierto es que tiene una serie de opciones que pueden ser interesantes para quien la use.

Si empezamos pulsando en la esquina izquierda con el **botón izquierdo** del ratón, veremos que se nos presenta un menú sobre el que podemos marcar diferentes opciones.

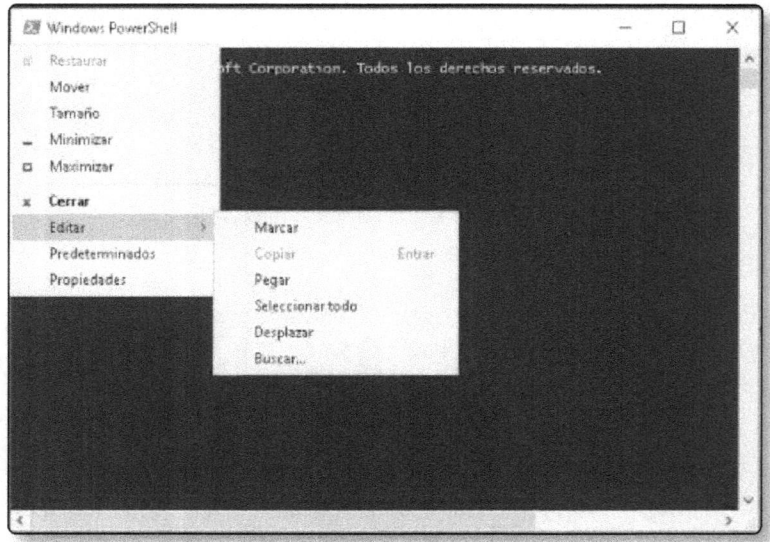

Figura 3.1. Opciones de la consola Microsoft Windows PowerShell desplegadas

Las primeras opciones son comunes a cualquier otra ventana de Microsoft Windows, pero tras la opción de cerrar tenemos ciertas opciones particulares que caben describir:

- ▼ Editar: nos presenta un submenú con una lista de opciones particulares centradas especialmente en la selección y uso de texto, tales como el copiar y el pegar.

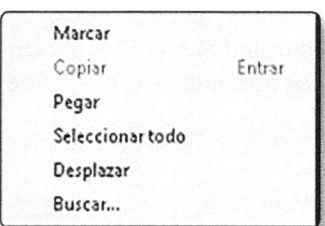

Figura 3.2. Submenú Editar

- ▼ Predeterminados: retorna la personalización de la consola a los valores predeterminados.

- ▼ Propiedades: el apartado más interesante. Nos permitirá personalizar multitud de aspectos de la consola en relación a aspectos visuales.

3.1.1 Propiedades de la consola

Si le damos a **Propiedades** se nos presentará una ventana con cuatro pestañas que nos permitirán definir diferentes factores gráficos:

- ▼ **Opciones**: la primera opción y quizás la más completa y compleja de las cuatro. Esta pestaña es un pequeño cajón de sastre donde podremos modificar **el tamaño del cursor**, **el historial de comandos** (este historial permite recordar los comandos tecleados con la intención de poder recuperarlos en un determinado momento), **Opciones de edición** que nos permiten usar por ejemplo **Ctr+C**, habilitar las opciones de **selección de texto**.

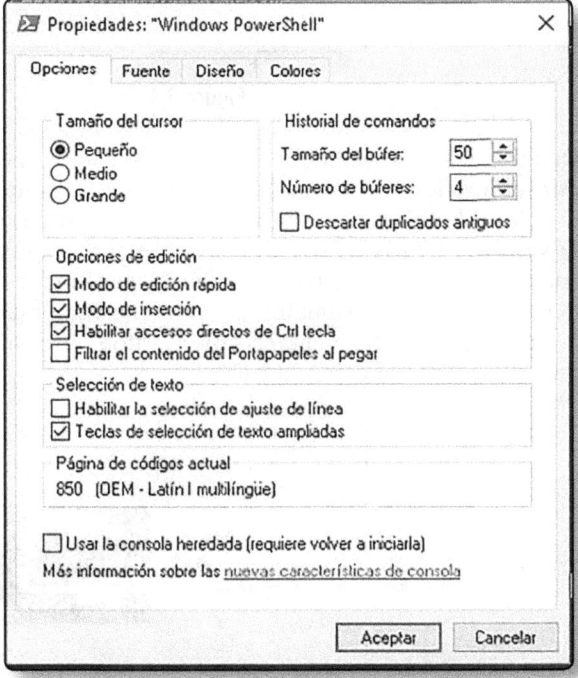

Figura 3.3. Opciones

- ▼ **Fuente**: este apartado nos permite modificar la fuente que queremos que use, así como su tamaño. El resultado se previsualiza en la parte inferior.

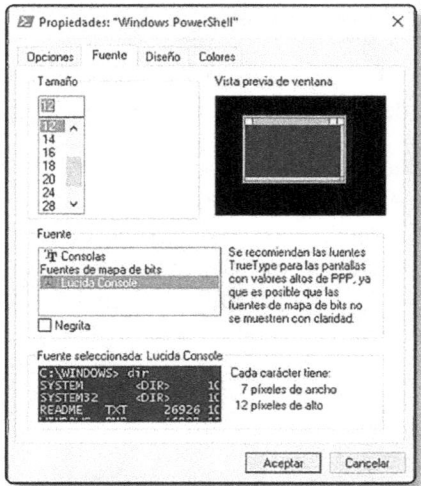

Figura 3.4. Fuente

▶ **Diseño**: cuando se habla de diseño en este caso se refiere al diseño estructural de la ventana, dejando para otras pestañas lo relacionado con el color o la tipografía. Por lo tanto, aquí podremos definir el **tamaño de la ventana** (algo que se puede redimensionar igualmente con el ratón en cualquier momento), **posición de la ventana** que podemos dejarlo en manos del sistema (igualmente podemos cambiar dicha posición como la de cualquier otra ventana con el ratón) y el **tamaño de búfer de la pantalla**, algo así como la caché.

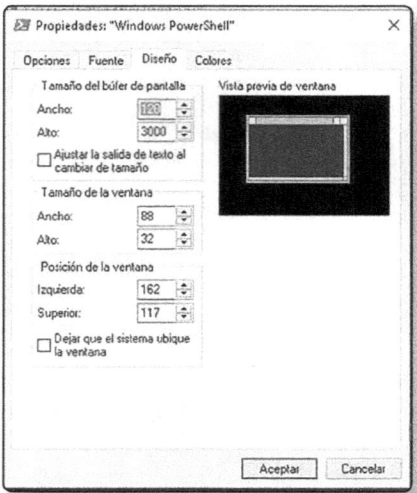

Figura 3.5. Diseño

▼ **Colores**: si podemos definir la fuente, también nos dejan que definamos nuestra ventana a nivel de colores. Los factores modificables son la **opacidad**, **color de fuente** o **color de fondo**.

Figura 3.6. Colores

3.1.2 Generar un perfil personal

Todo lo visto en el punto anterior tiene una pega y es que cada vez que cerremos la consola se eliminará las preferencias creadas. Pero podemos hacer que estas preferencias queden grabadas y que cada vez que se abra la consola las cargue.

Para ello crearemos la carpeta **C:\Users\USUARIO DEL PERFIL\Documents\WindowsPowerShell** y dentro de ella crearemos igualmente un fichero llamado **Microsoft.PowerShell_profile.ps1**.

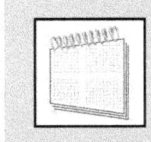

NOTA
También se puede crear toda la ruta y el fichero con el siguiente comando desde consola:

New-Item –Path $profile –ItemType file -Force

Ya solo nos quedará editarlo para asignarle algunas de las propiedades.

Propiedades del Perfil para Consola	
Propiedad	Descripción
$host.UI.RawUI.BackgroundColor	Color de Fondo
$Host.UI.RawUI.ForegroundColor	Color de Texto
$host.UI.RawUI.WindowTitle	Título de la ventana
$host.UI.RawUI.CursorSize	Grosor del cursor de la consola

Tabla 3.1. Listado de propiedades asignables al perfil

Los colores que podemos asignar son:

Black	DarkBlue	DarkGreen	DarkCyan
DarkRed	DarkMagenta	DarkYellow	Gray
DarkGray	Blue	Green	Cyan
Red	Magenta	Yellow	White

Tabla 3.2. Listado de colores

Por lo tanto, solo tendremos que escribir en el fichero indicado instrucciones del tipo:

$host.UI.RawUI.BackgroundColor = "Green"

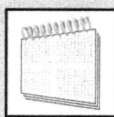
NOTA
Es posible que en algunos casos tengamos que asignar privilegios para que dicho fichero se pueda ejecutar.

3.2 TECLAS RÁPIDAS

Las teclas rápidas nos van a permitir, en algunos casos, realizar un trabajo más ágil y útil. Como veremos, existen otras teclas rápidas que combinan dos teclas para su efectividad.

NOTA
Como ya se sabe, estamos trabajando con Microsoft Windows PowerShell 5.0, esto hace que respecto a versiones anteriores las teclas rápidas no coincidan.
Si tiene una versión anterior de Microsoft Windows PowerShell se recomienda que se actualice.

El listado de teclas rápidas se resume en las siguientes tablas, donde se presenta igualmente su función.

Teclas rápidas asociadas al diseño	
Tecla Rápida	Descripción
CTRL + SHIFT + símbolo suma (+) CTRL + SHIFT + scroll ratón arriba	Incrementa transparencia
CTRL + SHIFT + símbolo suma (-) CTRL + SHIFT + scroll ratón abajo	Decrementa transparencia
ALT + ENTER	Pantalla completa

Tabla 3.3. Listado de teclas rápida de diseño

Teclas rápidas de selección	
Tecla Rápida	Descripción
SHIFT + Flecha derecha	Aumentar/Decrementa la selección
SHIFT + Flecha izquierda	Aumentar/Decrementa la selección
SHIFT + FIN	Selecciona todo el texto desde el cursor hasta el final
SHIFT + INICIO	Selecciona todo el texto desde el cursor hasta el inicio
CTRL + SHIFT + Flecha derecha	Selecciona la siguiente palabra completa
CTRL + A	Selección de todo el texto

Tabla 3.4. Listado de teclas rápida de selección

Teclas rápidas de edición de texto	
Tecla Rápida	Descripción
CTRL + V	Pegar texto del portapapeles
CTRL + C	Copia texto seleccionado al portapapeles

Tabla 3.5. Listado de teclas rápida de edición

Teclas rápidas historial comandos tecleados	
Tecla Rápida	**Descripción**
Flecha arriba	Muestra el último comando tecleado. Si volvemos a pulsarla nos presentará el anterior y así hasta llegar al primero de todos.
Flecha abajo	Muestra el siguiente comando tecleado. Si volvemos a pulsarla nos presentará el siguiente y así hasta llegar al último de todos. Para que funcione tendremos que haber pulsado la tecla retroceso en alguna ocasión.

Tabla 3.6. Listado de teclas rápida de historial

Además de los descritos en las tablas anteriores, tenemos que hablar de la tecla **TAB** (tabulador) que nos completa un comando cmdlet que no hayamos terminado de escribir. Por ejemplo si escribimos "**get-ch**", sin las comillas y pulsamos **TAB** veremos que se nos completará con la primera sugerencia de cmdlet que se encuentre.

3.3 TIPOS DE COMANDOS QUE PODEMOS ENCONTRAR

El listado de comandos que podemos encontrar en Microsoft Windows PowerShell es amplio y en cada versión posterior cada vez más extenso. Para que podamos entenderlo de una manera más clara los vamos a dividir en los tres tipos que podemos encontrar. Estos son: cmdlets, alias y funciones.

Antes de entrar en la descripción de cada uno de ellos vamos a indicar el comando que nos mostrará todo el listado completo.

Get-command

El resultado de la ejecución de este comando muestra todo el listado agrupado por tipos de comando. En cada línea podemos ver el tipo de comando al que hace referencia, el nombre del mismo, la versión de PowerShell que lo introdujo y la fuente.

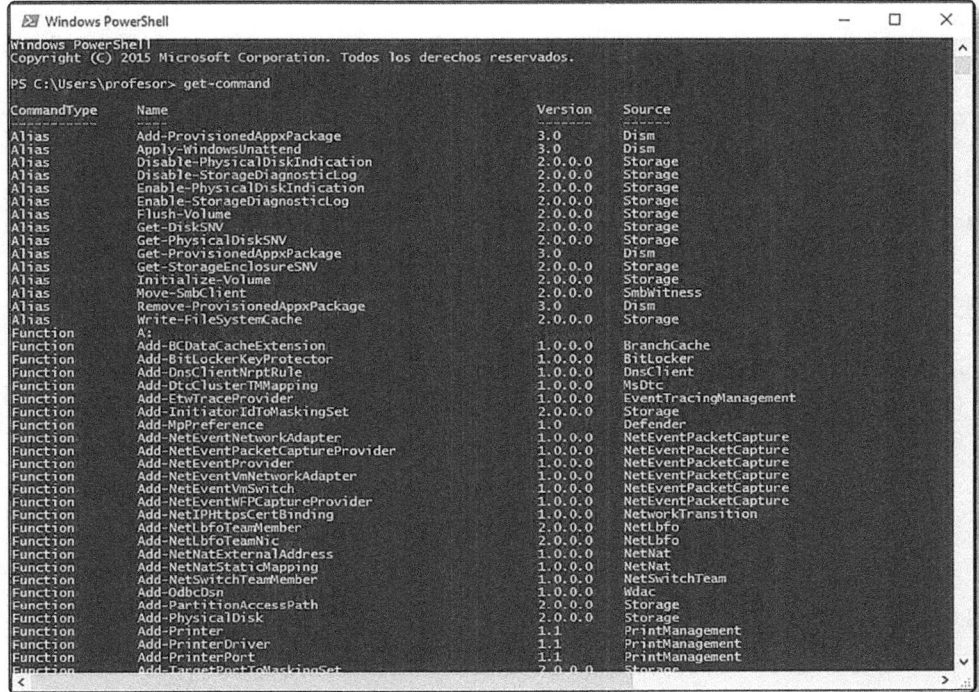

Figura 3.7. Resultado de la ejecución de get-command

3.3.1 Cmdlets

Un *cmdlet*, abreviatura de "CoMmanD-LET", imita a los comandos que se usan en otras consolas.

El comando anterior, **get-command**, es un ejemplo de cmdlet. En los capítulos posteriores nos centraremos en algunos de ellos, así como su estructura y funcionamiento.

3.3.2 Alias

Una de las mejoras de esta consola es la introducción de los alias en ella. Gracias a los alias podemos usar la consola de Microsoft Windows PowerShell como si estuviéramos usando aun el clásico cmd, o la Shell de GNU/Linux.

Un alias es un nombre alternativo para un cmdlet. La idea es poder utilizar el alias en lugar del nombre completo.

Por ejemplo, **ls** y **dir** son alias del cmdlet de Microsoft Windows PowerShell **Get-ChildItem**.

También podemos definir alias que nos interesen y asociarlos a los cmdlets que queremos.

3.3.3 Funciones

Las funciones creadas por nosotros o propias de Microsoft Windows PowerShell buscan la posibilidad de utilizar de forma repetitiva una serie de tareas. Pueden utilizar parámetros de entrada.

Si creamos una función tendremos que cargarla posteriormente e incluirla en el listado de Microsoft Windows PowerShell.

3.4 EJERCICIOS

1. Personalizar la consola a su gusto.

2. Comprobar al menos el funcionamiento de 8 de las teclas rápidas descritas. De por tabla.

3. Ejecutar "Get-ChildItem" y estudiar su salida.

4

TRABAJANDO CON CMDLETS

Una vez familiarizados con la consola de Microsoft Windows PowerShell, es el momento de empezar a trabajar con ella. Como iremos viendo a lo largo de los capítulos que nos quedan, el proceso de aprendizaje de Microsoft Windows PowerShell es algo elaborado, ya que se va complicando hasta el nivel que deseemos llegar.

No debemos olvidar que esta consola fue creada para facilitar el proceso administrativo y por tanto tendrá comunicación directa con aspectos tan concretos como el **Active Directory** de Microsoft Windows Server.

Pero como hemos dicho, antes de empezar con los elementos complejos que nos esperan, adentrémonos en su uso.

4.1 COMPROBAR LA VERSIÓN INSTALADA

Lo primero que vamos a hacer es comprobar la versión de Microsoft Windows PowerShell que tenemos instalada, para ello haremos uso del comando **Get-Host**.

Get-Host

Este comando nos devolverá un listado de variables entre la que se incluye la versión de Microsoft Windows PowerShell instalada.

```
Windows PowerShell
Copyright (C) 2015 Microsoft Corporation. Todos los derechos reservados.

PS C:\Users\profesor> get-host

Name             : ConsoleHost
Version          : 5.0.10586.122
InstanceId       : 49e66031-b9c2-486f-bb90-7679eb059944
UI               : System.Management.Automation.Internal.Host.InternalHostUserInterface
CurrentCulture   : es-ES
CurrentUICulture : es-ES
PrivateData      : Microsoft.PowerShell.ConsoleHost+ConsoleColorProxy
DebuggerEnabled  : True
IsRunspacePushed : False
Runspace         : System.Management.Automation.Runspaces.LocalRunspace


PS C:\Users\profesor>
```

Figura 4.1. Salida del comando Get-Host

También podremos comprobar la versión viendo el contenido de la propiedad de la variable asociada a esta información de versión

$PSVersionTable.PSVersion

La salida en este caso es en formato tabla, y nos separa el número de versión (**Major, Minor**), compilación (**Build**) y revisión.

```
Windows PowerShell
PS C:\Users\profesor> $PSVersionTable.PSVersion

Major  Minor  Build  Revision
-----  -----  -----  --------
5      0      10586  122


PS C:\Users\profesor>
```

Figura 4.2. Contenido de la propiedad de variable $PSVersionTable.PSVersion

Por último, si queremos más información sobre la versión en concreto, teclearemos solamente el nombre de la variable eliminando la propiedad que aparece tras el punto.

$PSVersionTable

Con lo que obtendremos la siguiente salida de información ampliada:

Figura 4.3. Contenido de la variable $PSVersionTable

> **NOTA**
> Si no tenemos instalada la versión de Microsoft Windows PowerShell 5.0, se recomienda actualizarla conforme lo explicado en capítulos anteriores.

4.2 CONCEPTOS PREVIOS

Para trabajar con Microsoft Windows PowerShell debemos tener una serie de conceptos asimilados, de manera que se nos simplifique la complejidad y entendamos mejor lo que se nos vaya planteando, así como la ayuda que podamos obtener de terceros.

Lo primero que debemos tener en cuenta es que Microsoft Windows PowerShell:

- **No es sensitivo a las mayúsculas**. Es decir, podemos escribir sus cmdlets, alias o variables, así como el resto de contenido de consola, en mayúsculas y en minúsculas sin que afecte a su funcionamiento.

- Posee **autocompletado** gracias a la tecla **TAB**. Basta con que pongamos parte del cmdlet, alias o variable y que pulsemos TAB para que autocomplete el cmdlet. Si no nos da el resultado esperado podemos pulsar nuevamente e irá rotando por su cuadro de cmdlets.

▼ Está presente de manera nativa no solo en Microsoft Windows Server o Microsoft Windows 10, sino también en Microsoft Windows 7 y 8, así como en la versión 2008 y 2012 de Microsoft Windows Server.

▼ Habrá casos en los que tengamos que ejecutar la consola de Microsoft Windows PowerShell como administradores. Como es el caso de la asignación de políticas de seguridad.

▼ Es una consola mucho más avanzada que el CMD clásico. Y aunque inicialmente es mucho más segura, puede transformarse en la herramienta más insegura si no tenemos en cuenta los parámetros de actuación mínimos frente a esta seguridad.

4.3 NOMENCLATURA

Para trabajar con Microsoft Windows PowerShell debemos de conocer la nomenclatura que los cmdlets usan. Como sabemos, muchos de ellos podrán ser utilizados a través de su alias, que es mucho más sencillo en cuanto a la escritura, pero no todos poseerán dicho alias. Por lo tanto, lo mejor es entender cómo funcionan y se estructuran estos cmdlets.

Los cmdlets tienen todos unos aspectos similares y característicos:

Get-Disk –number 0

Del ejemplo anterior se pueden establecer varias partes:

▼ Get-Disk es el **nombre** del cmdlet. Todos los cmdlets tienen una estructuración similar, apareciendo en primero lugar el **verbo** (*Add, Clear, Disable, Enable, Export, Get, Remove, Set, Remove,*...) asociado a la acción a realizar y tras él y unido mediante el guion, un **nombre** que completa la acción del verbo.

▼ *-number* es el **parámetro** asociado al cmdlet.

▼ 0 es el **valor** que le asignamos al parámetro.

En relación a los alias indicados en el párrafo inicial, es común encontrarse casos de simplificación como el que tenemos para el cmdlet **Get-ChildItem**.

Cmdlet	Alias
Get-ChildItem	Dir (alias que reutiliza el comando de MS-DOS con similar resolución tras la ejecución). Ls (alias que reutiliza el comando de UNIX o GNU/Linux con similar resolución tras la ejecución).

Tabla 4.1. Ejemplo de alias asociado a un cmdlet

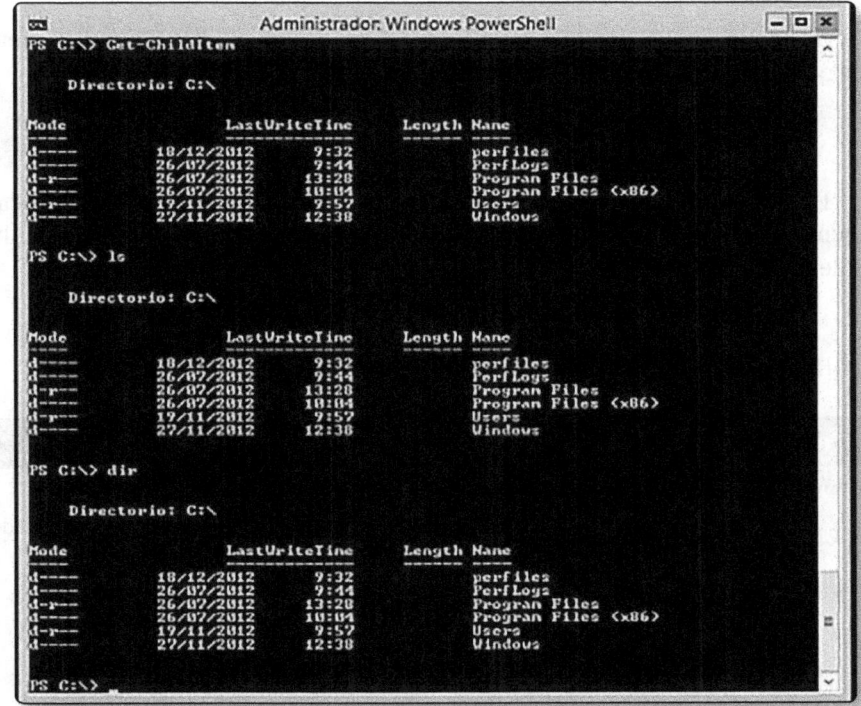

Figura 4.4. Salida del cmdlet Get-ChildItem y sus alias ls y dir

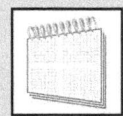

NOTA
Aunque el alias simplifica la escritura de un cmdlet, los parámetros y valores a asignar no varían y seguirán siendo necesarios introducirlo de igual manera.

4.4 LOS CMDLETS PRINCIPALES

Para estudiar los cmdlets principales vamos a clasificarlos en diferentes bloques:

- ▼ Cmdlets para archivos
- ▼ Cmdlets para carpetas
- ▼ Cmdlets para formatear la salida

Si queremos obtener un listado completo de los cmdlets que disponemos, teclearemos:

get-command -CommandType cmdlet

En los siguientes puntos vamos a describir algunos de ellos, indicando igualmente sus alias asociados. Se plantearan por orden de aparición en el resultado de cmdlet ejecutado anteriormente.

4.4.1 Cmdlets para archivos y carpetas

Cmdlet	Alias	Descripción
Copy-Item	cpi, cp, copy	Copia de archivos o directorios
Get-ChildItem	gci, ls, dir	Muestra el contenido de un determinado directorio
New-Item	ni	Crea directorios
Move-Item	mi, mv, move	Mueve a una determinada ruta archivos o directorios
Rename-Item	rni, ren	Renombrar archivos o directorios
Remove-Item	ri, rm, rmdir, del, erase, del	Eliminar archivos o directorios
Set-Location	sl, cd, chdir	Cambiar la ruta donde nos encontramos

Tabla 4.2. Cmdlets para manipulación de archivos y carpetas

NOTA

Con la intención de no extendernos en exceso se van a ver las funcionalidades más básicas de los diferentes cmdlets listados.

A continuación, se hará una breve reseña de cada uno de los cmdlets listados con ejemplos de uso. Existen múltiples modos de uso de los diferentes cmdlets, en nuestro caso nos vamos a centrar en los modos de uso más sencillos dejando para el lector, y gracias al uso de la ayuda, detallado en capítulos posteriores, la investigación de las formas más complejas pero de igual resultado.

4.4.1.1 GET-CHILDITEM

El mostrar un contenido de una carpeta con este cmdlet no tiene mayor complicación: simplemente tendremos que poner el cmdlet y a continuación la carpeta que queremos que nos liste. Para ello podemos hacer uso de las rutas relativas y absolutas.

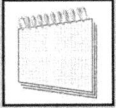

NOTA
Rutas relativas y rutas absolutas.

- Las rutas absolutas son aquellas que parten siempre de un origen común, en nuestro caso de la unidad donde se alojan los datos, sea esta C:\, D:\ u otra. Partiendo desde este origen nos adentraremos en el árbol de directorios hasta llegar a nuestro destino. Un ejemplo de esta ruta es C:\users\administrador\ que independientemente de donde nos encontremos hace referencia a la capeta de usuario administrador.

- Las rutas relativas por su parte, toman como punto de partida el lugar donde nos encontramos. De manera que indicaremos si para llegar al destino tenemos que adentrarnos en dicha ruta, haciendo uso del (.) o si debemos subir a la carpeta contenedora haciendo uso de (..). Posicionándonos en la ruta anterior, la descrita en la ruta absoluta, un ejemplo sería ..\..\windows\system32\ con lo que estamos indicando que suba a la contenedora de administrador, siendo esta users, que vuelva a subir a la contenedora resultando C:\ y por último que descienda hasta system32 pasando por Windows.

A modo de ejemplo, diremos que nos muestre la carpeta de usuarios de la manera:

Get-ChilItem C:\users

Del resultado podemos obtener bastante información asociada a cada uno de los elementos listados.

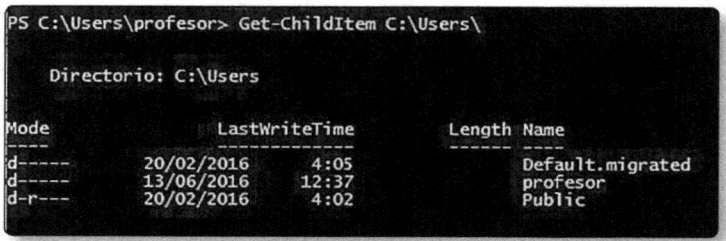

Figura 4.5. Salida del cmdlet Get-ChildItem C:\Users\

▼ **Mode**: indica los atributos asociados al fichero en cuestión, pudiendo ser estos, de izquierda a derecha (si aparece un – es ausencia de dicho atributo):

D	Directorio
A	Archivo
R	Fichero solo lectura
H	Fichero oculto
S	Fichero de sistema

▼ **LastWriteTime**: última vez que se modificó el fichero.

▼ **Length**: tamaño.

▼ **Name**: su nombre.

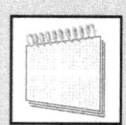 **NOTA**
Para que se visualicen los ficheros ocultos deberemos añadir la propiedad –**Force**, de manera que se liste todo el contenido, o –**hidden** para mostrar solo los ocultos.

4.4.1.2 COPY-ITEM

Para copiar contenidos lo primero que debemos tener en cuenta es el origen y el destino de los elementos a copiar. Para ello, podremos hacer uso de rutas relativas o absolutas según interese.

De esta manera, un ejemplo de uso y su resultado sería:

Copy-Item . .\Documents*

En el ejemplo anterior se está copiando todo el contenido de la ruta actual, que como veremos en la imagen es **C:\users\profesor** a la carpeta **Documents** contenida en ella.

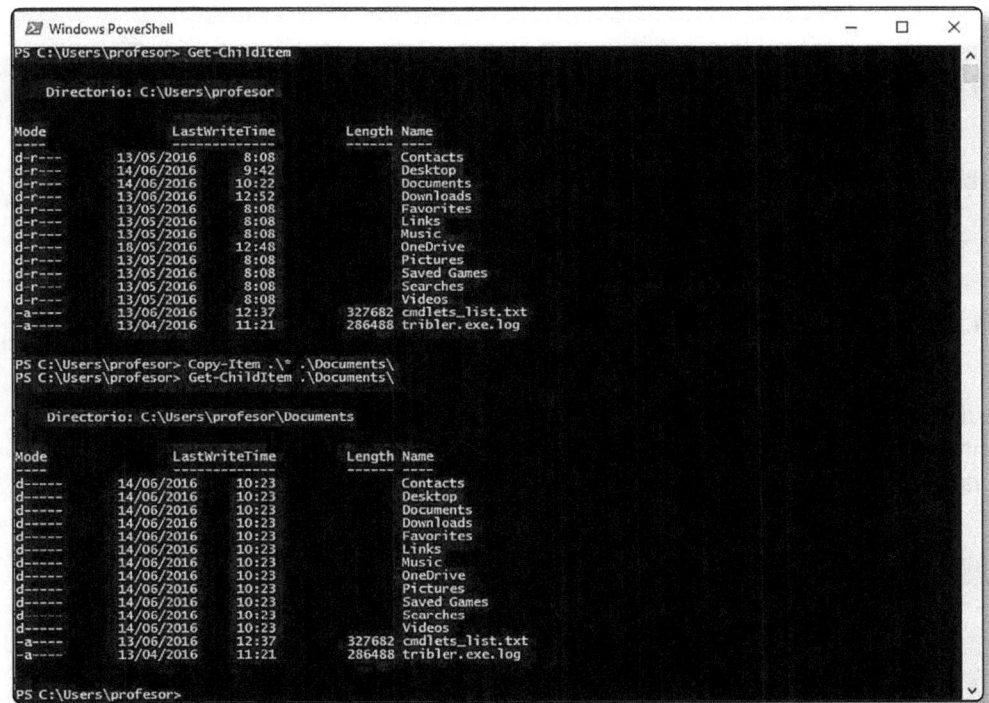

Figura 4.6. Salida del cmdlet Copy-Item

4.4.1.3 NEW-ITEM

Como hemos dicho, estos comandos sirven tanto para su uso con archivos, como con carpetas. En este caso el uso, aunque muy parecido, varía levemente en relación a los parámetros que podemos incluirles.

El procedimiento más sencillo es el que nos lleva a crear un archivo. Para ello simplemente tendremos que indicar el nombre del archivo situándonos previamente en la ruta destino o indicándola como parte del nombre.

New-Item C:\users\profesor\nuevo_documento.txt

Creará el nuevo documento en la carpeta del usuario "profesor".

Para crear una carpeta tendremos que hacer uso de uno de sus parámetros asociados. En este caso es el que indicará que el tipo de fichero es una carpeta y no un archivo.

New-Item –ItemType directory C:\users\profesor\nueva_carpeta

4.4.1.4 MOVE-ITEM

Este cmdlet es muy similar al de copia de archivos o carpetas. Bastará igualmente con poner el origen de los elementos a mover y el destino posterior.

Move-Item C:\users\profesor\documents c:\users\profesor\nueva_carpeta*

4.4.1.5 RENAME-ITEM

Renombrar un fichero, sea este archivo o carpeta, es tan sencillo como situarnos en la ruta donde está el fichero a modificar, poner el nombre de éste como primer parámetro y a continuación el nuevo nombre. Podremos igualmente hacer uso de las rutas.

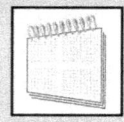

NOTA
Es importante que si lo que queremos cambiar es el nombre de una carpeta, no pongamos la barra final en el nombre destino o nos dará error.

Rename-Item C:\users\profesor\nueva_carpeta nueva_nombre

4.4.1.6 REMOVE-ITEM

Como último cmdlet de este primer bloque tenemos el que nos permitirá eliminar contenido.

En este caso observaremos una diferencia si lo que le pasamos es un directorio con contenido, frente a pasarle un archivo. En el primer caso se nos pedirá confirmación de eliminación, no así en el segundo. Por su mayor detalle es el que veremos en el siguiente ejemplo junto con su salida.

Remove-Item C:\users\profesor\nueva_carpeta

```
PS C:\Users\profesor> Remove-Item .\nueva_carpeta\
Confirmar
El elemento situado en C:\Users\profesor\nueva_carpeta\ tiene elementos secundarios y no se especificó el parámetro
Recurse. Si continúa, se quitarán todos los secundarios junto con el elemento. ¿Está seguro de que desea continuar?
[S] Sí  [O] Sí a todo  [N] No  [T] No a todo  [U] Suspender  [?] Ayuda (el valor predeterminado es "S"): s
PS C:\Users\profesor>
```

Figura 4.7. Salida del cmdlet Remove-Item de una carpeta

4.4.1.7 SET-LOCATION

El cmdlet Set-Location nos va a permitir navegar por el árbol de directorios. Si queremos, por ejemplo, cambiar la ubicación actual (C:\users\) a otra (C:\Windows) podremos hacerlo indicando su ruta absoluta o relativa del modo siguiente:

Set-Location C:\windows

ó

Set-Location ..\windows

4.4.2 Cmdlets para formatear la salida

Con los cmdlets que vamos a presentar a continuación podremos modificar las salidas que se nos presentan en algunos de los comandos, como pueden ser **Get-ChildItem**.

Cmdlet	Alias	Descripción
Format-Custom	fc	Salida personalizada
Format-List	fl	Salida en formato lista
Format-Table	ft	Salida formato tabla
Format-Wide	fw	Salida formato en columnas

Tabla 4.3. Cmdlets para formateo de salidas

A continuación se presentarán las diferentes salidas asociadas al comando **Get-ChildItem**. La barra que aparece entre un comando y otro es una tubería, elemento que se explicará en puntos posteriores.

Get-ChildItem | Format-List

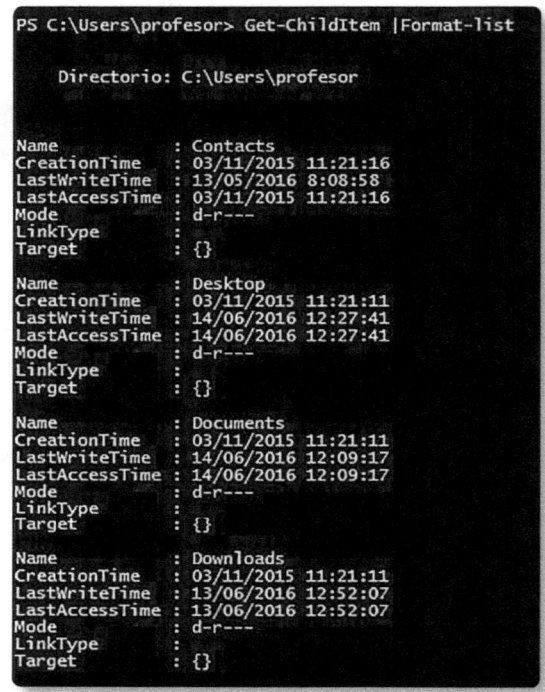

Figura 4.8. Salida del cmdlet de formateo Format-list

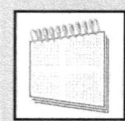

NOTA
Si esta salida nos parece escasa respecto a la información que nos aporta, podemos ampliarla poniendo * después del comando **Format-List**.

Get-ChildItem | Format-Table

```
PS C:\Users\profesor> Get-ChildItem |Format-table

    Directorio: C:\Users\profesor

Mode                LastWriteTime     Length Name
----                -------------     ------ ----
d-r---        13/05/2016      8:08           Contacts
d-r---        14/06/2016     12:27           Desktop
d-r---        14/06/2016     12:09           Documents
d-r---        13/06/2016     12:52           Downloads
d-r---        13/05/2016      8:08           Favorites
d-r---        13/05/2016      8:08           Links
d-r---        13/05/2016      8:08           Music
d-r---        18/05/2016     12:48           OneDrive
d-r---        13/05/2016      8:08           Pictures
d-r---        13/05/2016      8:08           Saved Games
d-r---        13/05/2016      8:08           Searches
d-r---        13/05/2016      8:08           Videos
-a----        14/06/2016     10:43          0 david
-a----        13/06/2016     12:37     327682 lista_cmdlets.txt
-a----        13/04/2016     11:21     286488 tribler.exe.log
```

Figura 4.9. Salida del cmdlet de formateo Format-table

Get-ChildItem | Format-wide

```
PS C:\Users\profesor> Get-ChildItem |Format-wide

    Directorio: C:\Users\profesor

[Contacts]                              [Desktop]
[Documents]                             [Downloads]
[Favorites]                             [Links]
[Music]                                 [OneDrive]
[Pictures]                              [Saved Games]
[Searches]                              [Videos]
david                                   lista_cmdlets.txt
tribler.exe.log
```

Figura 4.10. Salida del cmdlet de formateo Format-wide

4.4.3 Trabajar con el registro

Sabemos que podemos trabajar con el registro de Microsoft Windows gracias la herramienta gráfica **regedit.exe**. No obstante, y gracias a Microsoft Windows PowerShell, también podremos trabajar con él desde consola de una manera fácil y directa. Simplemente tecleando:

Cd HKCU:

Con el cmdlet anterior accederá al registro del usuario activo. Si tecleamos **dir**, **ls** o **get-childItem** obtendremos el árbol asociado.

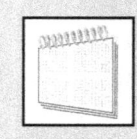

> **NOTA**
> Para acceder a otra raíz, como por ejemplo a las de la máquina local lo haremos mediante sus iniciales *HKLM:* No olvidar los dos puntos al final.

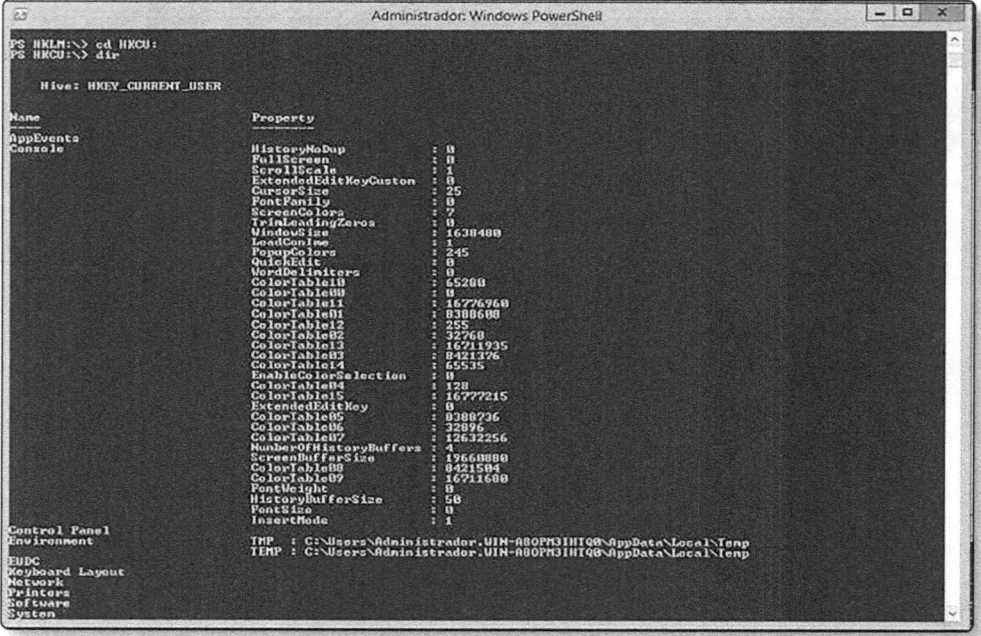

Figura 4.11. Registro HKCU

4.4.4 Otros cmdlets de interés

Además de los cmdlets estudiados a modo de introducción de trabajo con la consola, tenemos otros que son interesantes estudiar. Las funcionalidades son varias y por eso en este apartado no se ha definido una funcionalidad única. Podemos ver cmdlets asociados a nuestro historial de uso, gestión de fechas, listar servicios y procesos del sistema. Entre paréntesis se pondrán sus alias en caso de tenerlos.

▼ Get-History (*ghy, h, history*): lista el historial de cmdlets tecleados.

```
PS C:\Users\david> Get-History

Id CommandLine
-- -----------
 1 get-help Clear-History
 2 Get-History
 3 ls
 4 Get-History
 5 get-date
 6 get-service
```

Figura 4.12. Cmdlet Get-History

▼ Clear-History (*clhy*): limpia el historial de cmdlets tecleados.

▼ Clear-Host: limpia la consola.

▼ Get-Date: informa de la fecha de sistema.

```
PS C:\Users\david> Get-Date
sábado, 18 de junio de 2016 13:27:33
```

Figura 4.13: Cmdlet Get-Date

▼ Set-Date: asigna fecha al sistema. La asignación se puede realizar tecleando el cmdlet y siguiendo sus instrucciones o directamente añadiendo los parámetros oportunos. Deberemos haber ejecutado la consola como administradores.

Set-Date –date "18/6/2016 1:30 PM"

▼ Get-Service (*gsv*): listado de servicios del sistema y su estado. Podemos obtener el estado de un servicio concreto poniendo el nombre del mismo a continuación del cmdlet.

```
PS C:\Windows\system32> Get-Service

Status   Name               DisplayName
------   ----               -----------
Stopped  AJRouter           Servicio de enrutador de AllJoyn
Stopped  ALG                Servicio de puerta de enlace de niv...
Stopped  AppIDSvc           Identidad de aplicación
Running  Appinfo            Información de la aplicación
Stopped  AppMgmt            Administración de aplicaciones
Stopped  AppReadiness       Preparación de aplicaciones
Stopped  AppXSvc            Servicio de implementación de AppX ...
Running  AudioEndpointBu... Compilador de extremo de audio de W...
Running  Audiosrv           Audio de Windows
Stopped  AxInstSV           Instalador de ActiveX (AxInstSV)
Stopped  BDESVC             Servicio Cifrado de unidad BitLocker
Running  BFE                Motor de filtrado de base
Running  BITS               Servicio de transferencia inteligen...
Running  BrokerInfrastru... Servicio de infraestructura de tare...
Stopped  Browser            Examinador de equipos
Stopped  BthHFSrv           Servicio manos libres Bluetooth
Stopped  bthserv            Servicio de compatibilidad con Blue...
Stopped  CDPSvc             Dispositivo conectado a servicio de...
Stopped  CertPropSvc        Propagación de certificados
Stopped  ClipSVC            Servicio de licencia de cliente (Cl...
Stopped  COMSysApp          Aplicación del sistema COM+
Running  CoreMessagingRe... CoreMessaging
Running  CryptSvc           Servicios de cifrado
Stopped  CscService         Archivos sin conexión
Running  DcomLaunch         Iniciador de procesos de servidor DCOM
Stopped  DcpSvc             DataCollectionPublishingService
Stopped  defragsvc          Optimizar unidades
Stopped  DeviceAssociati... Servicio de asociación de dispositivos
Stopped  DeviceInstall      Servicio de instalación de disposit...
```

Figura 4.14. Cmdlet Get-Service

▼ Stop-Service (*spsv*): parar servicios activos.

▼ Start-Service (*sasv*): iniciar un servicio.

▼ Get-Process (*gps, ps*): listado de procesos del sistema. Para ver un proceso concreto pondremos su nombre a continuación del cmdlet.

```
PS C:\Windows\system32> Get-Process

Handles  NPM(K)    PM(K)    WS(K)  VM(M)   CPU(s)     Id  SI ProcessName
-------  ------    -----    -----  -----   ------     --  -- -----------
    166       6     4404    11872    123     6,91   2276   1 conhost
    166       6     4300    11688    123     1,58   3244   1 conhost
    234       6      708     2780     82     2,34    376   0 csrss
    223       7      768     3816     85     6,59    440   1 csrss
    117       4     1024     6748     72     0,28   1652   0 dllhost
    289      13    17244    27332    156    15,67    800   1 dwm
   1267      30    18912    45836    307    35,33   2420   1 explorer
      0       0        0        8      0               0   0 Idle
    757      11     2604     7420     84    12,14    568   0 lsass
    132       5     1624     6220     75     0,20    964   0 MpCmdRun
    581      33    71384    32020    407    44,44   1816   0 MsMpEng
    173      97     3196     1844     86     4,50   2080   0 NisSrv
    672      22    40660    60132    267    13,44   3072   1 powershell
    629      20    41296    59096    259     9,97   3916   1 powershell
    492      14    13920    28416    241    24,41   2196   1 RuntimeBroker
    634      25    19732    22348    158    12,63   3480   0 SearchIndexer
    829      32    36428    50488    382    27,94   2308   1 SearchUI
    220       5     1936     4756     65     7,11    560   0 services
    682      15    17236    42620    262    19,44   2772   1 ShellExperienceHost
    367       7     3044    12472    117     9,69    236   1 sihost
     49       1      208      832     53     0,86    284   0 smss
    384      12     3724     9324     99     2,02   1564   0 spoolsv
    617      11     4552    13132    112    14,13    652   0 svchost
    478       9     2560     6604     84    14,03    712   0 svchost
   1450      35    16800    29492    257    41,22    848   0 svchost
    202       7     1576     6240     84     0,67    984   0 svchost
    511      28    10116    12908    144    13,64    992   0 svchost
    596      12     9148    12864    112     9,11   1080   0 svchost
    492      14     4344    10876    133     7,88   1152   0 svchost
```

Figura 4.15. Cmdlet Get-Process

- Stop-Process (*spps, kill*): parar un proceso activo. Pondremos el **Id** asociado al nombre del proceso y seguiremos las instrucciones que se nos presentan.

```
PS C:\Windows\system32> Stop-Process 3016

Confirmar
¿Está seguro de que desea realizar la operación Stop-Process en el siguiente elemento:
winlogon(3016)?
[S] Sí  [O] Sí a todo  [N] No  [T] No a todo  [U] Suspender  [?] Ayuda
(el valor predeterminado es "S"):_
```

Figura 4.16. Cmdlet Stop-Process

- Stop-Computer: apagar el sistema.

4.5 REDIRECCIÓN

Como su propio nombre indica, la redirección consiste en cambiar el flujo de la salida o la entrada habitual. Por ejemplo, redirigiendo la salida de un determinado cmdlet a un fichero de texto y no a pantalla como es normal. Existen diferentes tipos de redirecciones en Microsoft Window PowerShell:

Redirección	Descripción
>	Redirige la **salida estándar**
>>	Redirige la **salida estándar** anexionándolo a la nueva salida seleccionada
2>	Redirige la salida de los **mensajes de error**
2>>	Redirige la salida de **mensajes de error** estándar anexionándolo a la nueva salida seleccionada
3>	Redirige la salida de los **mensajes de advertencia**
3>>	Redirige la salida de **mensajes de advertencia** estándar anexionándolo a la nueva salida seleccionada
*>	Redirecciona **toda** salida
*>>	Redirige la salida de **todos mensajes** anexionándolo a la nueva salida seleccionada

Tabla 4.4. Símbolos de redirección

En la tabla anterior se han planteado las principales redirecciones y las que consideramos las más útiles.

> 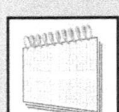 **NOTA**
> En el caso de las redirecciones con un solo símbolo **>** lo que hará es crear el fichero y si existiese eliminar el contenido previo. La principal diferencia con el símbolo doble **>>** es que en este segundo caso si existe el fichero no lo borra, si no que introduce el contenido tras la última línea encontrada.

El funcionamiento de la redirección es sencillo, a modo de ejemplo vamos a establecer una redirección del cmdlet **Get-ChildItem** haciendo que en lugar de mostrarse el contenido del directorio actual en pantalla, se grabe en un fichero llamado **salida.txt**.

Get-ChildItem > salida.txt

Al abrir el archivo **salida.txt** podremos comprobar que el contenido de la salida de dicho cmdlet está en su interior.

4.6 USO DE TUBERIAS

En algunos casos puede ser que nos interese el uso de varios cmdlets a la vez, de manera que la salida del primer cmdlet sea utilizado en el segundo. Pues eso es lo que conseguimos que pase cuando usamos una tubería identificada con el símbolo de la barra vertical (**|**) conocido como *pipe*.

De esta manera, una tubería no es más que una forma de redireccionar la salida de un cmdlet hacia la entrada de otro.

Por ejemplo, podríamos ver el listado de procesos del sistema gracias al cmdlet **Get-Process** y que en lugar de mostrar dicha lista de forma ordenada alfabéticamente como se vio en puntos anteriores, se muestre ordenada alfabéticamente pero de manera inversa gracias al cmdlet **Sort-Object**.

Get-Process | Sort-Object -Descending

```
PS C:\Users\david> get-process | Sort-Object -Descending
Handles  NPM(K)    PM(K)    WS(K) VM(M)   CPU(s)     Id SI ProcessName
-------  ------    -----    ----- -----   ------     -- -- -----------
    189       4     1312     1624    89              492  1 winlogon
     87       4      604       84    80              460  0 wininit
    153       6     1256     1632    74     5,02    3784  1 VBoxTray
    173       5     1632     2620    62               956  0 VBoxService
    291      13     3420     3996   137     4,00     388  1 taskhostw
    230       9     5900     5696   146    27,58    2160  1 taskhostw
    731       0      176    32408    62                 4  0 System
    200       7     1512     2272    83               984  0 svchost
    511      28    10544     9500   143               992  0 svchost
    602      12     8816     8240   112              1080  0 svchost
    604      11     4444     8008   111               652  0 svchost
    461       9     2428     4408    80               712  0 svchost
   1385      29    12572    20012   231               848  0 svchost
    357      13     4664     6688   160     3,67    1308  1 svchost
    350      11     4644    10348   176              1724  0 svchost
    186       8     3152     7456   106              1808  0 svchost
    498      15     4448     6560   132              1152  0 svchost
    476      17     3972     5020   118              1240  0 svchost
    447      13     7392     5748   155              1288  0 svchost
    384      12     3820     1360    99              1564  0 spoolsv
     49       1      208      204    53               284  0 smss
    347       7     3044     7948   116     8,38     236  1 sihost
    626      14    15804    21164   254    14,81    2772  1 ShellExperienceHost
    218       5     1912     2884    65               560  0 services
    736      25    25488      712   317     3,59    3556  1 SearchUI
    619      25    20760    17052   176              3480  0 SearchIndexer
```

Figura 4.17. Tubería con los cmdlets Get-Process | Sort-Object -Descending

NOTA

Los casos planteados en el apartado de formateado utilizan el concepto de tubería.

4.7 CARACTERES COMODÍN

Los caracteres comodines, al igual que en un juego de cartas, lo que nos permiten es la sustitución de caracteres. Imagínese el lector que yo quiero encontrar un fichero que varía solo en un carácter, como podría ser el caso de las palabras **casa** y **cosa**; o que conozco parte del nombre del archivo pero no me acuerdo de él entero.

Pues para todos estos casos se cuenta con los diferentes caracteres comodines.

Carácter comodín	Descripción
?	Un carácter cualquiera
*	Uno o más caracteres cualesquiera

Tabla 4.5. Caracteres comodín

NOTA
La solución que se plantea para los ejemplos planteados no es única.

Veamos algunos ejemplos que nos sirvan a nivel didáctico.

▸ Ejemplo 1: imaginemos que tenemos dos archivos llamados **salida1.txt** y **salida2.txt**. Si queremos filtrar el comando **Get-ChildItem** de manera que nos muestre como salida ambos archivos y nada más, tendremos que hacer uso del carácter comodín **?**.

Get-ChildItem salida?.txt

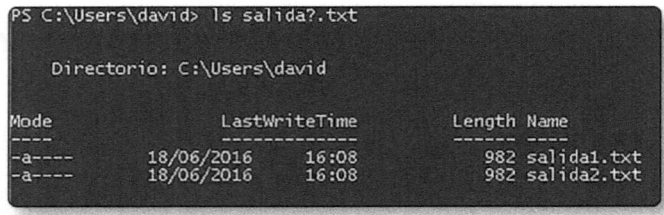

Figura 4.18. Salida del cmdlet con el comodín ?

▸ Ejemplo 2: si queremos ver todos los procesos que contengan la palabra **win** en inicio del nombre, tendremos que teclear **win** seguido del comodín * tras el cmdlet de listado de procesos.

Get-Process win*

```
PS C:\Users\david> get-process win*

Handles  NPM(K)    PM(K)    WS(K) VM(M)   CPU(s)     Id  SI ProcessName
-------  ------    -----    ----- -----   ------     --  -- -----------
     87       4      604       84    80              460  0 wininit
    191       5     1424     1700    89              492  1 winlogon
```

Figura 4.19. Salida del cmdlet con el comodín *

▼ Ejemplo 3: aquí vamos a plantear un caso en el que se harán uso de ambos comodines. Si tenemos los archivos **salida1.txt** y **salida2.ps1** podemos obtener la salida de ambos con la combinación del cmdlet y los comodines siguientes.

Get-ChildItem salida?.*

```
PS C:\Users\david> Get-ChildItem salida?.*

    Directorio: C:\Users\david

Mode                LastWriteTime     Length Name
----                -------------     ------ ----
-a----        18/06/2016     16:08       982 salida1.ps1
-a----        18/06/2016     16:08       982 salida2.txt
```

Figura 4.20. Salida del cmdlet con los comodines * y ? combinados

4.8 ALIAS

Los cmdlets de Microsoft PowerShell son largos, además si a esto le sumamos los parámetros y otras opciones, nos encontramos con cadenas muy extensas que teclear. Si queremos, podemos simplificar el tecleado generando un alias o seudónimo del cmdlet en sí.

Antes de generar un nuevo alias o seudónimo vamos a visualizar la lista de los ya creados. El cmdlet que nos proporcionará dicha lista es:

Get-Alias

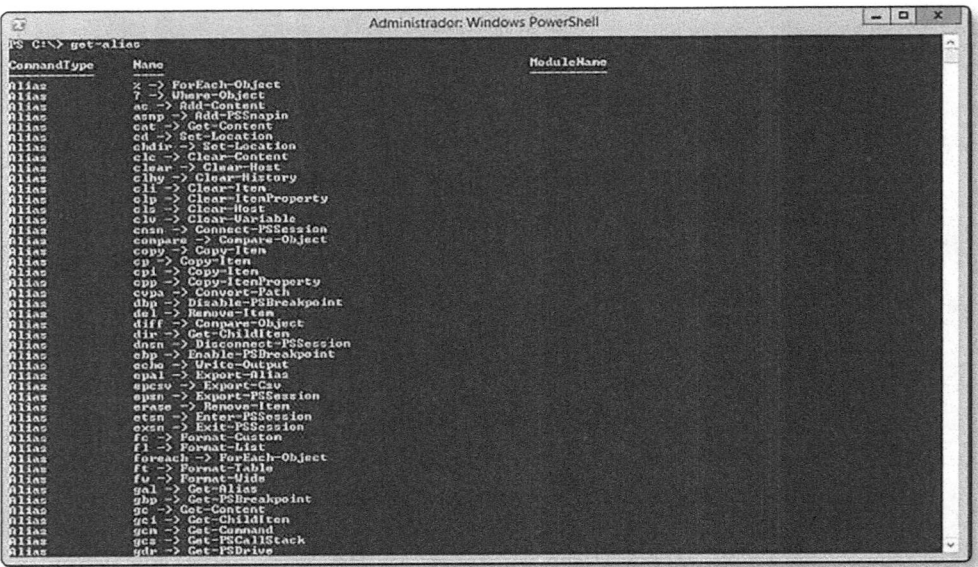

Figura 4.21. Salida del cmdlet Get-Alias

4.8.1 Crear alias

Para generar un nuevo alias tecleamos el cmdlet con los parámetros siguientes:

Set-Alias mar Get-Command

A partir de este momento, cuando tecleemos **mar** y pulsemos la tecla ***Enter***, lo que realmente estaremos diciendo es que se ejecute **Get-Command**.

Si queremos, podemos complicar el alias o seudónimo con parámetros u otras opciones. Para ello es necesario que primero se cree una función con el cmdlet completo de la manera:

Function Fmar{Get-Command –CommandType cmdlet }

Ya podríamos llamar directamente a la función tecleando su nombre en consola, o bien crear un alias o seudónimo asociado a este nombre de función.

Set-Alias mar Fmar

4.9 EJERCICIOS

1. Rehacer el ejemplo 1 del apartado de comodines con el uso del comodín * exclusivamente.

2. Redirigir la salida del ejercicio anterior a un archivo llamado **comodines.txt**.

3. Crear un alias para el cmdlet **Get-Process | Sort-Object -Descending**.

4. Crear una salida de listado de proceso en formato lista.

5

LA AYUDA

Si queremos trabajar con Microsoft Windows PowerShell, lo principal es aprender a trabajar con su ayuda. En el caso que nos ocupa es, si no el tema más importante, un capítulo esencial para poder seguir avanzando.

Microsoft ha evolucionado mucho en sus productos, y concretamente en Microsoft Windows PowerShell podemos decir que se ha volcado. No es que Microsoft tenga productos deficientes, pero si algo hemos echado en falta quienes lo hemos usado es la falta de documentación propia inherente al sistema.

Pues bien, en este caso no podemos seguir pensando igual, ya que la ayuda que se nos proporciona es altamente profesional y extensa, incluyendo ejemplos de uso y enlaces a otros cmdlets de uso similar al solicitado en la consulta.

De esta manera en Microsoft Windows PowerShell vamos a encontrar dos tipos de ayuda concreta:

- ▼ Ayuda asociada a un determinado cmdlet.
- ▼ Ayuda basada en manuales temáticos.

5.1 ACTUALIZAR LA AYUDA

No podemos trabajar con una ayuda que no esté correctamente actualizada. De hecho, es común que en los primeros usos de la ayuda de Microsoft Windows PowerShell nos parezca muy limitada. Pero si leemos el contenido de la ayuda que se nos muestra podremos entender que todo es fruto de una incorrecta actualización.

```
NOTAS
    Get-Help no encuentra los archivos de Ayuda para este cmdlet en el equipo.
    Mostrará solo una parte de la Ayuda.
        -- Para descargar e instalar los archivos de Ayuda para el módulo que
    incluye este cmdlet, use Update-Help.
        -- Para ver en línea el tema de Ayuda de este cmdlet, escriba
    "Get-Help Get-ChildItem -Online" o
        vaya a http://go.microsoft.com/fwlink/?LinkID=113308.
```

Figura 5.1. Notas tras la ayuda

Como se puede ver en la imagen anterior, resultante de la salida de la ayuda solicitada para un cmdlet, se nos informa que no hay archivos de ayuda asociados a él. Igualmente nos dice cómo podemos actualizarla.

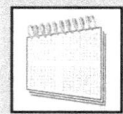

NOTA
Es recomendado que aunque no se nos muestre esta nota informativa al pie, se actualice la ayuda cada cierto tiempo para poder obtener las modificaciones y ampliaciones.

Llegado a este momento no queda más que indicar el comando de actualización de la ayuda.

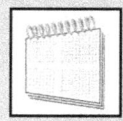

NOTA
Imprescindible realizar la actualización de la ayuda desde la consola en modo administrador, de lo contrario se nos mostrará un error al final de dicha actualización.

Update-Help

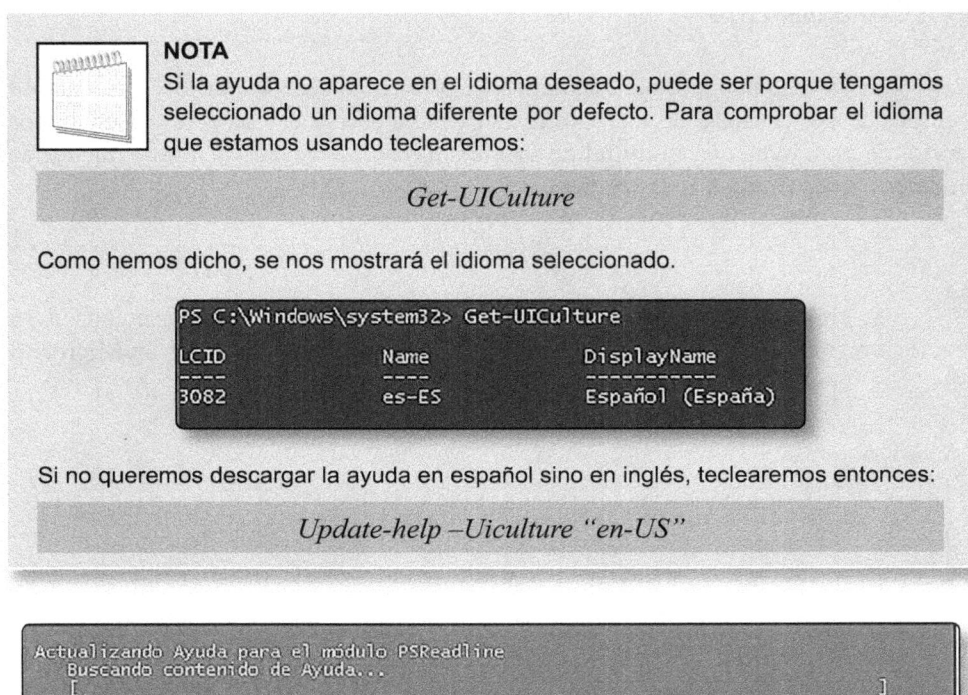

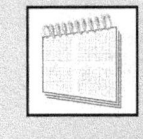

NOTA
Si no queremos actualizar la información de ayuda podemos obtenerla *online* añadiéndole el parámetro

-Online

al final del cmdlet. De esta manera lo que se mostrará es el artículo publicado en Internet, y para ello abrirá el navegador web

---

Figura 5.2. Proceso de actualización de la ayuda

Este proceso de actualización se mostrará en la parte superior de la consola de Microsoft Windows PowerShell, y puede tardar varios minutos; entienda el lector que lo que se está haciendo es descargar paquetes de ayuda, asociados a los diferentes módulos instalados, desde Internet. Por lo tanto disponer de esta conexión activa es imprescindible.

5.2 FUNCIONAMIENTO

Si ya tenemos la ayuda actualizada, podremos sacarle partido gracias a un cmdlet que se nos hará de uso habitual. El comando que vamos a presentar nos servirá de gran ayuda en multitud de ámbitos, no solo asociado al conocimiento de un determinado cmdlet. Este cmdlet es:

Get-Help

Si tecleamos este cmdlet sin más, obtendremos la ayuda asociada a su funcionamiento. Es decir, se nos informará de cómo funciona la ayuda en Microsoft Windows PowerShell.

NOTA

También se puede usar en su lugar **Help**, o el cmdlet sobre el que queremos obtener ayuda seguido de **-?**.

```
PS C:\Windows\system32> get-help

TEMA
    Sistema de ayuda de Windows PowerShell

DESCRIPCIÓN BREVE
    Muestra ayuda acerca de los cmdlets y los conceptos de Windows PowerShell.

DESCRIPCIÓN LARGA
    En la ayuda de Windows PowerShell se describen los cmdlets, las funciones,
    los scripts y los módulos de Windows PowerShell y se explican conceptos,
    incluidos los elementos del lenguaje Windows PowerShell.

    Windows PowerShell no incluye archivos de ayuda, pero puede leer los
    temas de ayuda en línea o usar el cmdlet Update-Help para descargar
archivos de ayuda
    en el equipo y, a continuación, usar el cmdlet Get-Help para mostrar los
temas
    de ayuda en la línea de comandos.

    También puede usar el cmdlet Update-Help para descargar archivos de ayuda
    actualizados a medida que se publiquen, para que el contenido de ayuda
local nunca se quede obsoleto.

    Sin archivos de ayuda, Get-Help obtiene ayuda generada automáticamente
para los cmdlets,
    las funciones y los scripts.
```

Figura 5.3. Parte de la información de la ayuda de Get-Help

5.2.1 Ayuda asociada a un cmdlet

Para obtener la ayuda asociada a un cmdlet; es decir, la información de uso de este cmdlet concreto, teclearemos:

Get-Help comando

Donde *comando* será el cmdlet concreto sobre el que queremos obtener ayuda. Como ejemplo se muestra la salida para el cmdlet **Get-ChildItem**.

Get-Help Get-ChildItem

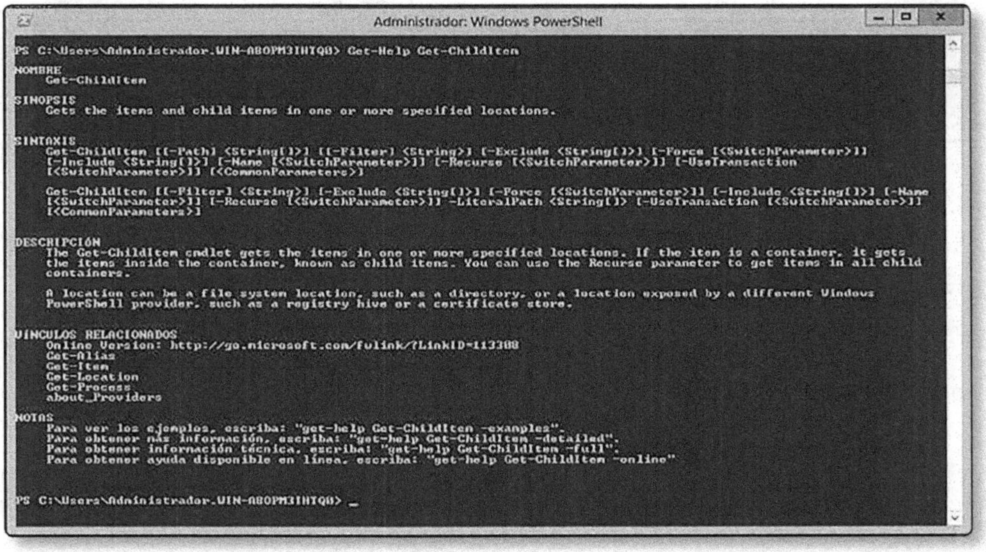

Figura 5.4. Salida del cmdlet Get-Help Get-ChildItem

Si queremos obtener una parte concreta de la ayuda como los ejemplos asociados, podemos observar que en el apartado "Notas" nos indica que debemos teclear el cmdlet **Get-Help** asociado al parámetro **- example**:

Get-Help Get-ChildItem -examples

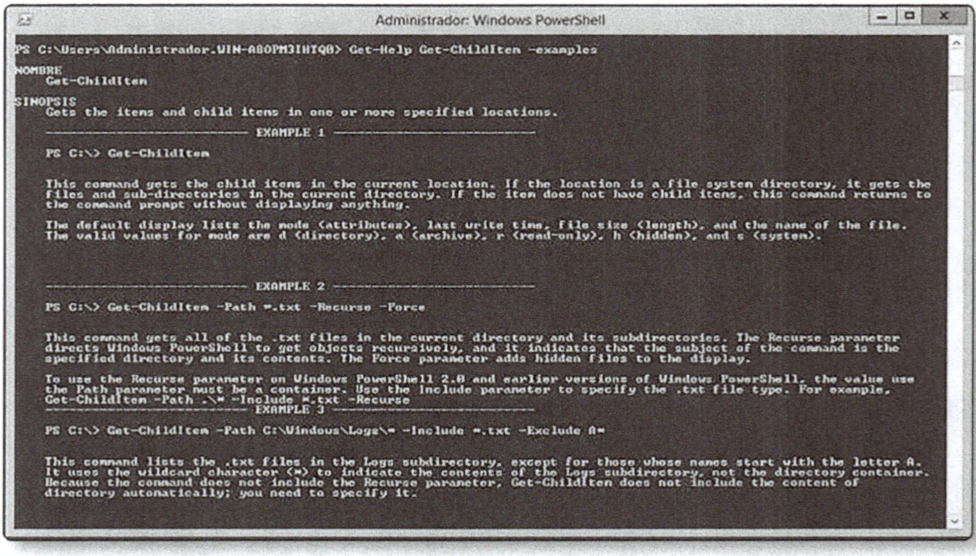

Figura 5.5. Salida del cmdlet Get-Help Get-ChildItem -examples

5.2.1.1 ESTRUCTURA DE LA HOJA DE AYUDA

Cuando pidamos ayuda de un determinado cmdlet obtendremos una ficha con la siguiente estructura:

- **Nombre**: nombre del cmdlet preguntado.

- **Sinopsis**: descripción del cmdlet preguntado.

- **Sintaxis**: como su nombre indica nos mostrará las opciones de uso del cmdlet.

- **Descripción**: pues eso.

- **Vínculos relacionados**: direcciones web oficiales de Microsoft donde ampliar información y otros cmdlets relacionados con el consultado.

- **Notas**: anotaciones para obtener ayuda o funcionalidades extra.

5.2.2 Ayuda modular

Hemos visto cómo se puede obtener la ayuda asociada a un cmdlet. Pero no es la única ayuda que podemos obtener. Si queremos ayuda más general, en formato manual de ayuda, la podemos obtener gracias a:

Get-Help About*

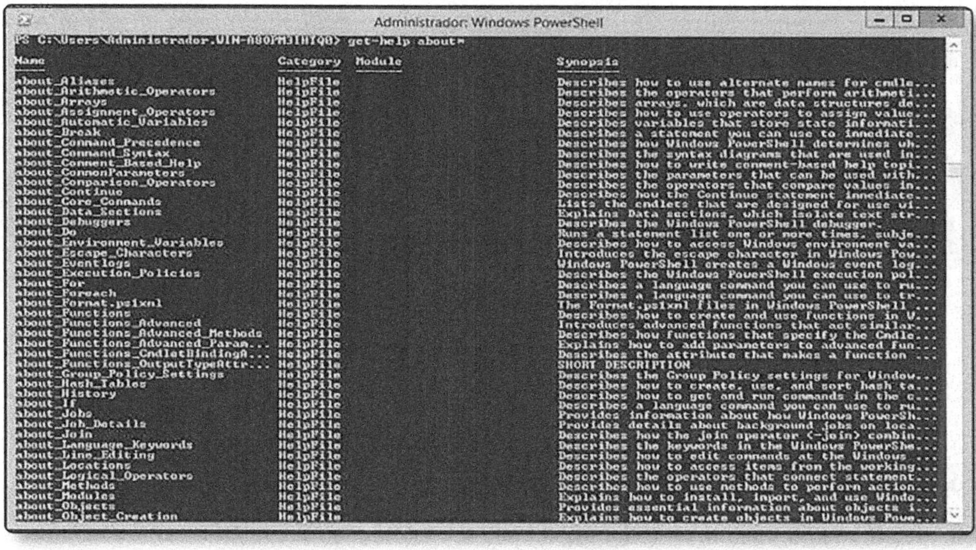

Figura 5.6. Salida del cmdlet Get-Help About*

Tecleando lo que se ha indicado anteriormente, obtendremos la lista de módulos sobre la que podemos tener ayuda. Solo queda centrarse en uno y concretar la búsqueda. En el ejemplo mostramos la ayuda asociada al módulo *About_Aliases* que nos aporta información completa sobre el concepto y uso de alias.

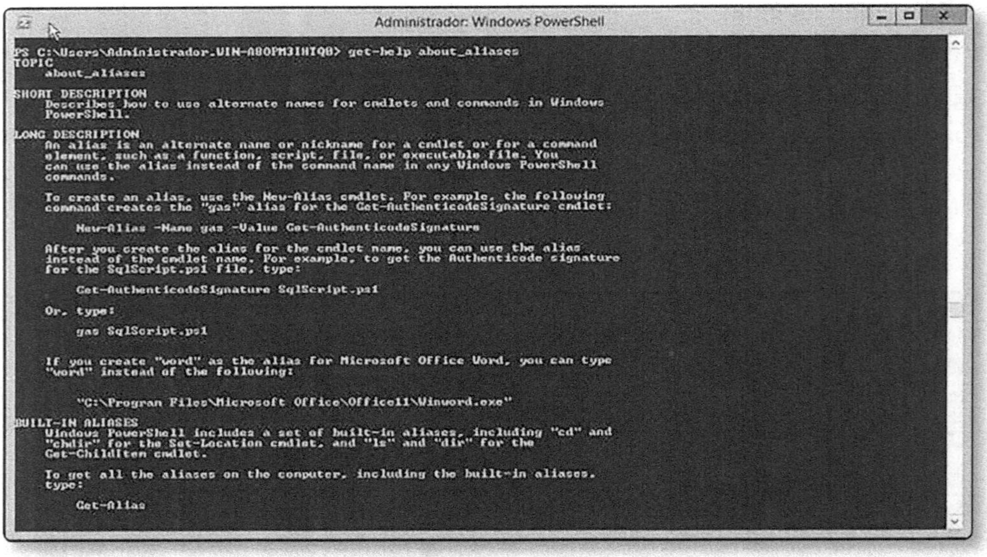

Figura 5.7. Salida del cmdlet Get-Help About_Aliases

5.2.2.1 ESTRUCTURA DEL MANUAL ABOUT

Si la ayuda asociada al cmdlet tiene una estructura común, lo mismo pasa con los manuales asociados a cada **About**.

▼ **Topic**: asunto del About.

▼ **Short Description**: descripción corta.

▼ **Long Description**: descripción larga. Incluye los cmdlets asociados a asunto en cuestión y el funcionamiento principal de estos.

▼ **See also**: otros manuales que también nos pueden resultar de ayuda.

5.3 AYUDA ONLINE

Además del funcionamiento del comando **Get-Help** también podemos obtener otras ayudas dentro de páginas web oficiales de Microsoft.

▼ *https://technet.microsoft.com/es-es/library/hh849695.aspx*. Listado oficial de cmdlets, sus descripciones, modelos de uso…

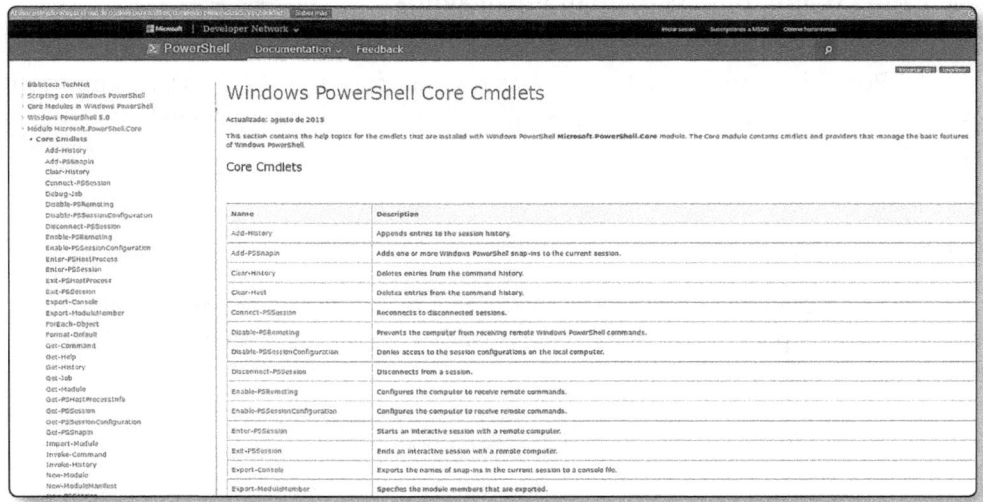

Figura 5.8. Página web de Technet de Microsoft

▼ *https://technet.microsoft.com/es-es/library/hh847741.aspx*. Listados de cmdlets agrupados por módulos.

▼ *https://msdn.microsoft.com/en-us/powershell*. Página web de Microsoft Windows PowerShell aportada por **Microsoft Developer Network**.

Figura 5.9. Página web de MSDN

5.4 CMDLETS QUE PODEMOS UDAR COMO AYUDA

Por último, y siguiendo con el importante asunto de la ayuda de Microsoft Windows PowerShell, vamos a describir algunos cmdlets que también podrán aportarnos ayuda de uso.

5.4.1 Listar los cmdlets

Si no tenemos claro qué cmdlet debemos utilizar o sobre cuál queremos obtener ayuda, podemos empezar por listarlos todos los disponibles. Para ello usaremos el cmdlet:

Get-Command

```
PS C:\Windows\system32> Get-Command

CommandType     Name                                               Version    Source
-----------     ----                                               -------    ------
Alias           Add-ProvisionedAppxPackage                         3.0        Dism
Alias           Apply-WindowsUnattend                              3.0        Dism
Alias           Disable-PhysicalDiskIndication                     2.0.0.0    Storage
Alias           Disable-StorageDiagnosticLog                       2.0.0.0    Storage
Alias           Enable-PhysicalDiskIndication                      2.0.0.0    Storage
Alias           Enable-StorageDiagnosticLog                        2.0.0.0    Storage
Alias           Flush-Volume                                       2.0.0.0    Storage
Alias           Get-DiskSNV                                        2.0.0.0    Storage
Alias           Get-PhysicalDiskSNV                                2.0.0.0    Storage
Alias           Get-ProvisionedAppxPackage                         3.0        Dism
Alias           Get-StorageEnclosureSNV                            2.0.0.0    Storage
Alias           Initialize-Volume                                  2.0.0.0    Storage
Alias           Move-SmbClient                                     2.0.0.0    SmbWitn
Alias           Remove-ProvisionedAppxPackage                      3.0        Dism
Alias           Write-FileSystemCache                              2.0.0.0    Storage
Function        A:
Function        Add-BCDataCacheExtension                           1.0.0.0    BranchC
Function        Add-BitLockerKeyProtector                          1.0.0.0    BitLock
Function        Add-DnsClientNrptRule                              1.0.0.0    DnsClie
Function        Add-DtcClusterTMMapping                            1.0.0.0    MsDtc
Function        Add-EtwTraceProvider                               1.0.0.0    EventTr
Function        Add-InitiatorIdToMaskingSet                        2.0.0.0    Storage
Function        Add-MpPreference                                   1.0        Defende
Function        Add-NetEventNetworkAdapter                         1.0.0.0    NetEven
Function        Add-NetEventPacketCaptureProvider                  1.0.0.0    NetEven
Function        Add-NetEventProvider                               1.0.0.0    NetEven
Function        Add-NetEventVmNetworkAdapter                       1.0.0.0    NetEven
Function        Add-NetEventVmSwitch                               1.0.0.0    NetEven
Function        Add-NetEventWFPCaptureProvider                     1.0.0.0    NetEven
```

Figura 5.10. Salida de Get-Command

El problema de este cmdlet es que nos aporta todo lo que Microsoft Windows PowerShell nos ofrece (funciones, alias y cmdlets) y esto hace que sea difícil saber que queremos.

Pero podemos concretar los resultados gracias al parámetro **CommandType** que restringiría los resultados a un tipo concreto. Por ejemplo, si solo queremos ver los cmdlets asociados a consola podemos hacerlo con:

Get-Command –CommandType cmdlet

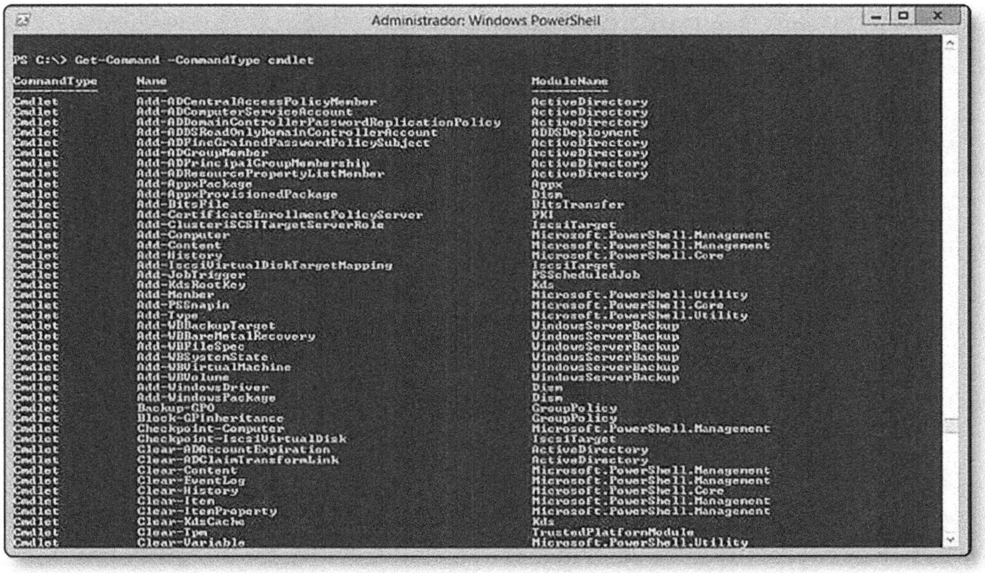

Figura 5.11. Salida del cmdlet Get-Command

Pero aún se puede concretar más la salida con el parámetro **–Verb** que indica el verbo del cmdlet a localizar, es decir, el comienzo del mismo. Concretamente es la primera parte del cmdlet hasta llegar al guion (-)

Get-Command –Verb get

El ejemplo de esta manera nos mostrará todos los cmdlets que antes del guion contengan **get**.

5.4.2 Ayuda gráfica

Como último cmdlet asociado a la ayuda tenemos:

Show-Command

Un cmdlet que nos abrirá una herramienta gráfica en la que se nos mostrarán todos los cmdlets agrupados por módulos.

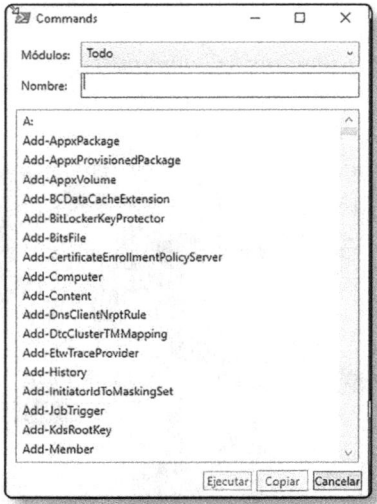

Figura 5.12. Ventana abierta por Show-Commmand

Cuando seleccionemos el cmdlet concreto de la lista desplegada veremos que se nos muestran las diferentes opciones asociadas a él. De esta manera podremos seleccionar los parámetros deseados tras lo cual podremos igualmente pulsar sobre **Ejecutar**.

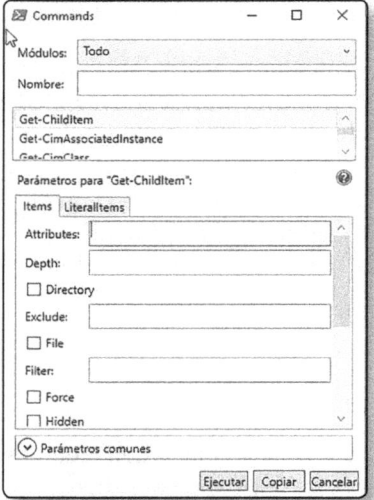

Figura 5.13. Cmdlet Get-ChildItem dentro de Show-Commmand

Si todo es correcto aparecerá dicho cmdlet junto con los parámetros rellenos en la consola de Microsoft Windows PowerShell que ha invocado dicha aplicación gráfica. Para su correcta ejecución solamente nos quedará pulsar la tecla **_Enter_**.

5.5 EJERCICIOS

1. Como es lógico pensar, el primer ejercicio propuesto será actualizar la ayuda de nuestro Microsoft Windows PowerShell.

2. Estudiar los ejemplos del cmdlet Get-ChilItem y poner en prueba alguno de ellos.

3. Obtener el listado de todos los manuales disponibles y visualizar el relacionado con el historial de uso de cmdlets.

4. Familiarizarse con las diferentes ayudas web planteadas.

6

MICROSOFT WINDOWS POWERSHELL ISE

ISE son las siglas de *Integrated Script Enviroment* o en español **Sistema de Script Integrado**. En Microsoft Windows PowerShell ISE podremos realizar las acciones que se pueden llevar a cabo sobre la consola de Microsoft Windows PowerShell, y además podremos también crear, ejecutar y comprobar *scripts*, todo ello centralizado en una herramienta gráfica y amigable.

Para acceder a este entorno integrado podremos buscarlo desde **Cortana** y bastará buscar la palabra **PowerShell**.

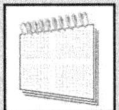

NOTA
Aquí vamos a describir el funcionamiento y modo de trabajo con Microsoft Windows PowerShell ISE, pero podremos igualmente trabajar con el block de notas o **Notepad**.
De seleccionar este modo de trabajo simplificado, en el momento de guardar el archivo seleccionaremos **Tipo de archivo** como ***.*** y en *nombre* pondremos el nombre del fichero con la extensión **ps1**.

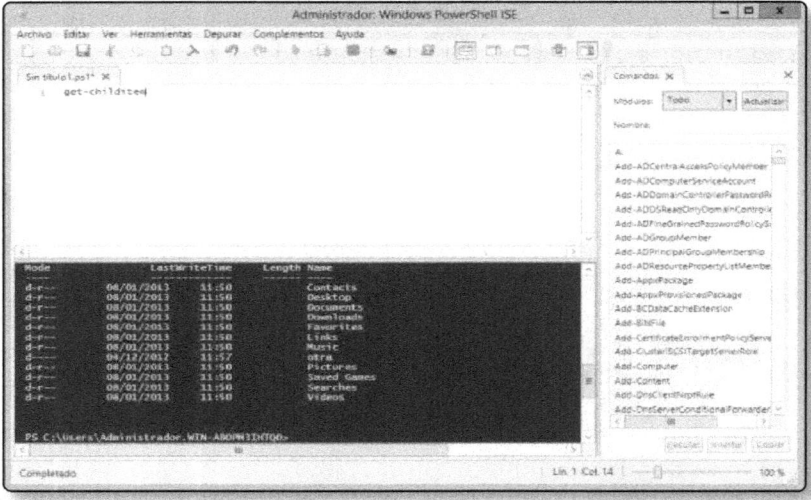

Figura 6.1. PowerShell-ISE

6.1 ÁREA DE TRABAJO

Entrando a describir el entorno de desarrollo Microsoft Windows PowerShell ISE tenemos las siguientes áreas:

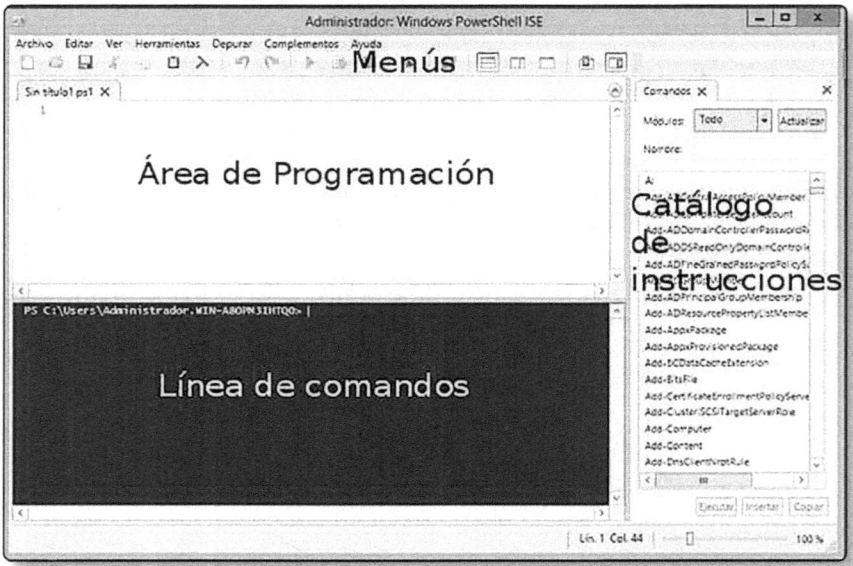

Figura 6.2. Apartados del entorno PowerShell-ISE

▼ **Menú y Menú contextual**: acceso a las acciones propias del entorno.

Figura 6.3. Menús contextuales

De izquierda a derecha cabe destacar el limpiado de la consola virtual (icono con forma de limpiacristales) o ejecutar el *script* (icono con forma de *play* verde). En la parte más a la derecha se presentan opciones de visualización del entorno.

▼ **Área de programación**: donde insertaremos los cmdlets y las estructuras de control de nuestro *script* o código.

▼ **Catálogo de instrucciones**: podremos encontrar todas y cada una de los diferentes cmdlets presentes en Microsoft Windows PowerShell. Además nos presenta una pestaña desde la que podremos ver los cmdlets agrupados por tareas comunes. Es lo mismo que se nos muestra al ejecutar el cmdlet **Show-Command**.

▼ **Línea de comandos**: muestra la salida resultante de la ejecución del *script*. Además podemos teclear cmdlets de manera directa en ella.

6.2 PERSONALIZACIÓN DEL ENTORNO

Podremos personalizar nuestro entorno Microsoft Windows PowerShell ISE pulsando en **Herramientas > Opciones**. El menú como se puede ver en la imagen de ilustración es altamente configurable.

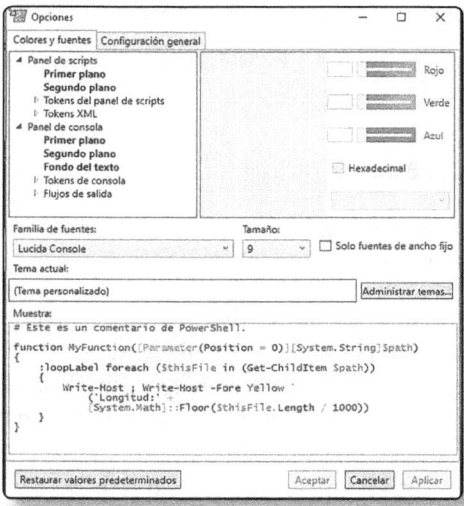

Figura 6.4 Opciones de personalización de ISE

Los cambios que se realicen se irán viendo en tiempo real, de manera previa, en la parte inferior donde se muestra un código de ejemplo que incluye todos los elementos configurables.

Cuando seleccionemos uno de los elementos a cambiar se activará la paleta de colores.

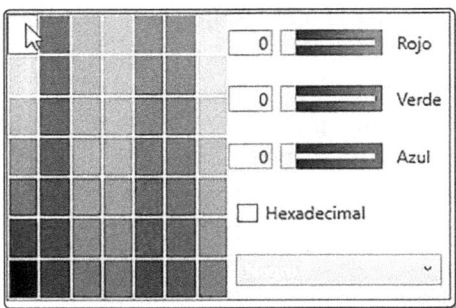

Figura 6.5. Escaleta de colores

Bajo la selección de colores tenemos la opción de definir una fuente de texto concreta.

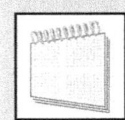

NOTA
Todos los cambios que se realicen se grabarán automáticamente en el perfil seleccionado. De manera que la siguiente vez que se abra Microsoft Windows PowerShell ISE cargará dichos cambios.

6.2.1 Configuración general

En la pestaña de **Configuración General** podemos gestionar aspectos configurables asociados a diferentes apartados.

- ▼ **Comportamiento del panel de** *scripts*: se refiere a lo que en esta obra se ha denominado como **Área de programación**. En el podremos definir aspectos tales como **Mostrar esquema en el panel de** *scripts*, referente a darle formato esquemático gracias al uso automático de tabulaciones y sangrado al bloque programado

- ▼ **IntelliSense**: esta opción es la que ayuda al programador gracias al concepto de autocompletado visto antes.

▼ **Otra configuración**: gestión del autoguardado y uso de la ayuda web.

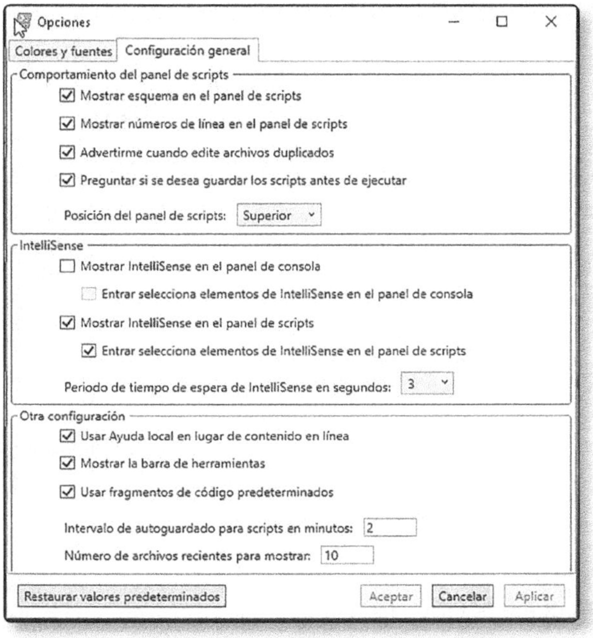

Figura 6.6. Configuración general

6.3 VENTAJAS

Una de las características que más interesante hace a este entorno de desarrollo simple es el autocompletado. Así, si tecleamos por ejemplo **get-**, en el área de programación o en la línea de comandos, nos mostrará todas las alternativas presentes para que podamos elegir su autocompletado.

Figura 6.7 Autocompletado de cmdlets

Claro está que no es la única ventaja que se nos presenta en relación al uso de la consola de Microsoft Windows PowerShell.

- ▼ **Edición de varias líneas**: podemos insertar una línea en blanco debajo de la línea actual en el área de programación con la pulsación de la combinación de teclas **MAYÚS+ENTRAR**.

- ▼ **Ejecución selectiva**: si tenemos un *script* amplio escrito y solo queremos ver la salida de la ejecución de una parte, lo podremos hacer seleccionando la parte del código que desea ejecutar y a continuación pulsaremos **Ejecutar** de la barra de menú contextual, o pulsando **F5**.

6.4 CREAR UN PERFIL PERSONALIZADO

El proceso de un perfil para Microsoft PowerShell ISE es similar al desarrollado para la consola. En este caso los pasos a llevar a cabo serán:

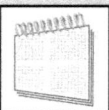

NOTA
Aquí se va a plantear la creación de un perfil para el usuario activo. No obstante tenemos más tipos de perfiles y podemos consultarlos en la ayuda **about_Profiles**.

Lo primero será crear el archivo de perfil en la ruta predefinida.

New-Item -Type file -Path $profile -Force

NOTA
Si queremos ver cuál es la ruta preestablecida podemos hacerlo tecleando lo siguiente dentro de la consola:

$profile

- ▼ Ahora abriremos el perfil escribiendo:

Notepad $profile

▶ Ya solo queda configurar el perfil con las diferentes opciones. En la tabla siguiente se presentan algunas de las principales. Todas ellas irán precedidas de **$psISE.Options.[regla a insertar]**. Los corchetes no se incluirán.

Propiedades del Perfil para ISE	
Propiedad	**Descripción**
AutoSaveMinuteInterval	Cada cuanto tiempo hace una copia de seguridad del *script*
ConsolePaneBackgroundColor	Color de fondo de la línea de comandos
ConsolePaneTextBackgroundColor	Color del fondo del *prompt* de la línea de comandos
ConsolePaneForegroundColor	Color del texto de la línea de comandos
DebugForegroundColor	Color de texto de los elementos marcados por el depurador
DebugBackgroundColor	Color de fondo de los elementos marcados por el depurador
ErrorForegroundColor	Color de texto de los mensajes de error
ErrorBackgroundColor	Color de fondo de los mensajes de error
FontName	Tipo de fuente utilizada
FontSize	Tamaño de fuente utilizada
ScriptPaneBackgroundColor	Color de fondo del área de programación
ScriptPaneForegroundColor	Color de texto del área de programación
ShowIntellisenseInConsolePane	Mostrar las opciones y autocompletado en la línea de comandos
ShowIntellisenseInScriptPane	Mostrar las opciones y autocompletado en el área de programación
ShowLineNumbers	Mostrar número de línea en el área de programación
ShowToolBar	Mostrar la barra de herramientas
UseLocalHelp	No usar la ayuda de Internet
WarningForegroundColor	Color de texto de los mensajes de advertencia
WarningBackgroundColor	Color de fondo de los mensajes de advertencia
Zoom	Zoom del entorno manteniendo los parámetros de texto inalterados

Tabla 6.1. Propiedades de Perfil para ISE

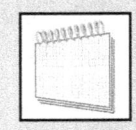

NOTA
Los colores se introducirán en formato hexadecimal y entre comillas.

Lo guardaremos y abriremos Microsoft Windows PowerShell ISE para observar los cambios. Si estuviera abierto ya tendremos que cerrarlo y volver a abrirlo.

NOTA
Para ver las propiedades actuales teclearemos en consola

$psISE.Options

6.5 DEPURADOR

Microsoft Windows PowerShell ISE como buen entorno de programación integrado, aunque sea mínima, posee también un modo de depuración o *debbuger* que nos permite la ejecución del *script* o código paso a paso mediante la inserción de puntos de control.

¿Y qué quiere decir esto? Pues que gracias a este depurador podremos estudiar códigos amplios con elementos repetitivos que puedan contener errores. Imagínese el lector un código de mil líneas con espacios repetitivos, lo que incrementaría la extensión en la ejecución, y que en un determinado momento nos da un error no entendible de manera inicial. Pues bien, gracias a este sistema de control y prueba podemos añadir un punto de estudio que nos indique qué información se contiene en memoria, qué va a salir por pantalla y qué se está haciendo en ese momento concreto.

El menú de depuración posee una opción completa dentro del menú principal etiquetada con el nombre **Depurar**.

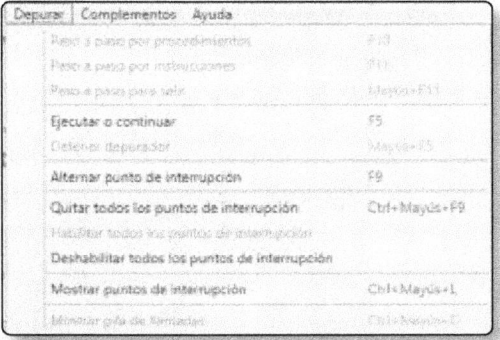

Figura 6.8. Menú depurar

Para insertar este **punto de control** vamos a mostrar un ejemplo de código:

Clear-Host
Write-Host "Vamos a poner un punto de control en la línea siguiente"
Write-Host "Hola Mundo" –ForegroundColor "Green" –BackgroundColor DarRed

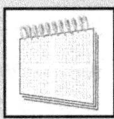 **NOTA**
Para que todo sea correcto tendremos que haber guardado previamente el código.

Escribiremos este código en el espacio de programación. Dentro de este mismo espacio seleccionaremos la línea tercera del código y acudiremos a **Depurar** dentro del menú principal. Entre las opciones disponibles seleccionaremos **Alternar punto de interrupción**. Veremos como la línea se tinta de rojo.

```
ejemplo1.ps1 X
1  Clear-Host
2
3  write-host "Vamos a poner un punto de control en la línea siguiente"
4
5  write-host "Hola Mundo" -ForegroundColor "Green" -BackgroundColor DarRed
```

Figura 6.9. Punto de control insertado en el script

En este momento ya podemos pasar a la ejecución y observar qué pasa.

Cuando el código llegue a ejecutar la línea marcada cambiará de color y se parará, no terminará, a la espera de instrucciones.

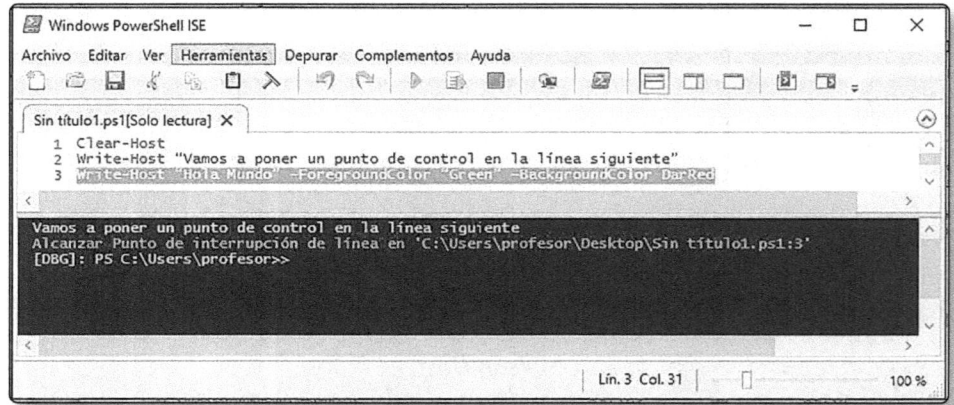

Figura 6.10. Punto de control alcanzado

Podemos ver como en la línea de comando se nos indica **Alcanzar Punto de interrupción de línea en...**

Dentro del menú de depuración observaremos que podemos seleccionar diferentes procesos de avance tales como el **Paso a paso**.

6.6 EJERCICIOS

1. Abrir Microsoft Windows PowerShell ISE y en el área de programación teclear **Get-ChilItem**, posteriormente ejecutar nuestro primer *script* y observar las salidas.

2. Personalizar nuestro entorno modificando el perfil predefinido.

3. Crear un nuevo perfil y observar los cambios.

4. Realizar la comprobación del depurador con el ejemplo planteado la opción **paso a paso**.

7

SCRIPTING. CONCEPTOS INICIALES

Tal y como se dijo en la introducción del capítulo anterior, una de las fuerzas de Microsoft Windows PowerShell es la automatización de tareas mediante el *scripting*. El proceso de *scripting* se lleva a cabo de una manera sencilla. Conociendo los cmdlets a utilizar, así como las diferentes estructuras de control que nos ofrece, no tendremos más que generar un fichero con el contenido a ejecutar y después lo ejecutaremos mediante la llamada simple al nombre de este fichero creado.

Pero, no obstante, vayamos por partes.

NOTA
Antes de ejecutar cualquier *script* es importante que limpiemos la ventana con la intención de no confundirnos con datos e información no válida. Este comando lo podemos usar tantas veces como queramos dentro o fuera del *script*.

Clear-Host

7.1 MI PRIMER *SCRIPT*

Antes de empezar con los diferentes conceptos de Microsoft Windows PowerShell orientado a programación de *script*, vamos a realizar un *script* a modo de ejemplo que nos sirva para entender el proceso posterior.

Para ello, podemos utilizar cualquiera de los dos medios planteados en el capítulo anterior. Aunque recomendamos que se utilice Microsoft Windows PowerShell ISE.

Abierto el editor insertaremos el siguiente código:

> *Write-Host "Hola Mundo"*

Para este ejemplo no lo vamos a guardar, pues, como veremos posteriormente, deberemos trabajar con el concepto de seguridad de ejecución de los *scripts*. Por lo tanto, ejecutaremos el mismo directamente de manera que podamos ver el resultado emitido en la línea de comandos de este entorno de desarrollo.

Figura 7.1. Salida de la ejecución.

7.2 COMENTARIOS

Cuando tengamos muchas líneas de código, o cuando vayamos a guardar el *script*, es muy habitual que nos interese añadirle comentarios que nos hagan más fácil mantener dicho *script* o, simplemente, poder entenderlo independientemente del tiempo que haga que lo hayamos visto por última vez.

Lo normal es que estos comentarios sean textos asociados al código, que lo expliquen, o simplemente de gestión de versión.

Para escribir un comentario en el caso de Microsoft Windows PowerShell, escribiremos el texto explicativo deseado precedido del carácter #. A modo de ejemplo, un comentario podría ser:

> *#Esto es un comentario y no se ejecutará nada.*

7.3 VARIABLES

Las variables son contenedores que almacenarán información con la intención de reutilizarla mediante una llamada al nombre de la misma. Su declaración se lleva a cabo anteponiéndole el símbolo **$** al nombre.

En el ejemplo primero visto antes, podemos almacenar la cadena "Hola Mundo" dentro de una variable llamada **$cadena** y posteriormente imprimir el contenido de esta gracias al comando **Write-Host** y la referencia a la variable.

El código podría quedar como sigue:

```
$cadena="Hola Mundo"
Write-Host $cadena
```

El resultado de la ejecución sería igual al visto en la imagen 7.1. Como se puede ver, la variable viene precedida del símbolo **$**. Podemos ponerle el nombre que queramos siempre que respetemos las siguientes reglas:

- El nombre tiene que empezar por una letra.
- No puede contener espacios.
- Siempre debe empezar con el símbolo **$**.

Para definir el contenido de una variable, debemos primero saber si lo que queremos es insertarle texto o números. En el ejemplo anterior hemos insertado texto y, como se puede ver, es muy importante que este se sitúe entre comillas dobles (""). El motivo es sencillo: si el texto no es una palabra sino una secuencia de palabras, tendrán espacios intercalados. De no ponerlo entre comillas dobles, se considerarán como elementos independientes y no como una única cadena de texto. Por otro lado, para diferenciar los valores numéricos de los de texto, en el caso de querer añadir un número a la variable, lo pondremos sin las comillas.

```
$cadena="Esto es una cadena de texto"
$numero=5  #Asignación numérica.
```

NOTA
Las comillas realmente pueden ser de dos tipos:
- Comillas dobles (") que en caso de contener una variable entre ellas la sustituirá por su contenido.
- Comillas simples (') que mantiene la variable como parte del texto.

7.3.1 Trabajar con variables

Cuando tenemos definida la variable, Microsoft Windows PowerShell utiliza esta como un objeto dotado de multitud de acciones propias a las que llamar. Estas acciones pueden variar dependiendo del tipo de variables que se haya definido y pueden ser listadas gracias a un cmdlet que usaremos a través de una tubería asociada a la determinada variable.

$variable | Get-Member

El cmdlet indicado asociado a una determinada variable nos mostrará el listado de acciones que la variable tiene asociadas. Para ejecutar la que deseemos bastará con indicarla a través del nombre de la variable seguida de un punto (.), y tras el nombre de la acción o función deseada. En el siguiente ejemplo se muestra cómo podemos hacer que la cadena introducida en la variable se convierta en mayúsculas gracias a la acción o función **ToUpper,** terminando con los paréntesis indicados.

$variable.ToUpper()

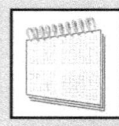

NOTA
Si lo hacemos con la variable **$nombre** que se ha creado en la imagen, se nos mostrará a continuación el contenido en mayúsculas.

```
PS C:\Windows\system32> $nombre.ToUpper()
CLARA
```

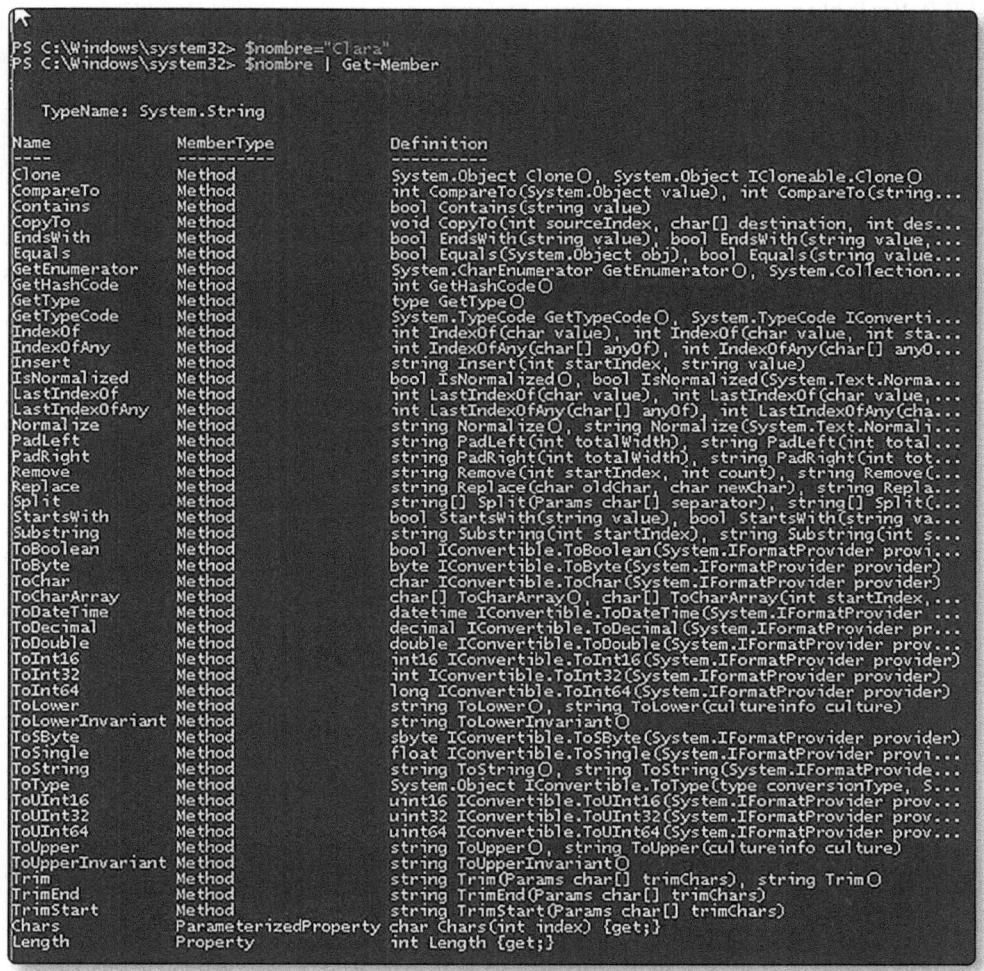

Figura 7.2. Salida de Get-Member asociado a una variable

> **NOTA**
> Hay veces que la variable al asignarle un valor numérico no lo toma como tal, sino que lo reconoce como un texto. Para solucionar este problema forzaremos la asignación anteponiéndole el tipo numérico antes del nombre de la variable de la manera:
>
> *[int] $variable = 5*

7.3.2 Variables especiales

Existen una serie de variables predefinidas que no podremos usar, salvo que queramos que el sistema se vea afectado. Estas variables tienen funcionalidades diferentes:

- ▼ Variables asociadas al *script*. Las variables asociadas al *script* nos ayudarán a hacer uso del concepto de parámetros asociados a los cmdlets.

Variables asociadas al *script*	
Variable	Descripción
$^	Primer elemento de la última ejecución. Normalmente se refiere al primer cmdlet.
$$	Último elemento de la última ejecución. Normalmente se refiere al último parámetro.
$num	Siendo **num** un número entero, se refiere al parámetro que ocupa esa posición. El valor 0 se reserva para el cmdlet.
$?	Nos aportará **true** si la última ejecución fue correcta, y **false** en caso contrario.
$error	Registro de errores durante la sesión activa.

Tabla 7.1. Variables asociadas a script

- ▼ Variables de entorno. Estas variables de entorno deben ser manejadas con cuidado, ya que una modificación de las mismas puede alterar el funcionamiento de nuestro sistema de manera no deseada.

Variables de entorno	
Variable	Descripción
$HOME	La carpeta personal de usuario activo
$Host	Información del sistema
$PROFILE	Perfil de Microsoft Windows PowerShell del usuario activo
$PSCulture $PSUICulture	Idioma activo
$PID	ID del proceso PowerShell activo
$PSHOME	Ruta de Microsoft Windows PowerShell
$PWD	Ruta actual

Tabla 7.2. Variables de entorno

> **NOTA**
> Podemos ver el estado actual de las variables con el cmdlet:
>
> *Get-Variable*

Como se puede observar, existen muchas más de las explicadas en esta obra.

7.4 ARRAYS

Como sabemos, las variables pueden contener de manera exclusiva un elemento, ya sea éste texto o número. Si queremos almacenar de manera agrupada varios elementos en una "variable" tendremos que usar el concepto de *array*.

Cuando almacenamos el contenido en un *array* es algo así como la diferencia entre dejar el contenido en una caja, o comprar una cajonera con múltiples cajones y añadir varios contenidos cada uno en un cajón diferente. De esta manera, si queremos almacenar cinco elementos con un vínculo común, como podría ser el nombre de colores, será más sencillo crear un *array* llamado **colores** y almacenar en su interior dichos cinco colores, que crear cinco variables para cada uno de los colores a almacenar.

Pos 0	Pos 1	Pos 2	Pos 3	Pos 4
"rojo"	"verde"	"azul"	"amarillo"	"violeta"

La definición del *array* se llevará a cabo separando por comas cada uno de los elementos que queramos añadir.

$colores="rojo","verde","azul","amarillo","violeta"

Así la variable creará cinco compartimentos independientes numerados desde el 0 al 4, y en cada uno de ellos asignará uno de los colores indicados. Para ver cada uno de ellos podremos hacerlo referenciando a la posición deseada entre corchetes.

$colores[1] #mostrará el nombre "azul"

Si queremos que se nos muestre todo el contenido del *array* lo haremos escribiendo solo el nombre de la variable.

7.5 OPERADORES BINARIOS

En las siguientes tablas podemos ver qué operador o símbolo debemos utilizar para realizar una determinada operación aritmética.

Operadores Aritméticos	
Operador	**Descripción**
+	Suma
-	Resta
/	División
*	Multiplicación
%	Módulo

Tabla 7.3. Operadores aritméticos

7.6 ENTRADA Y SALIDA

Todo lo que hemos visto hasta ahora no nos sirve de nada si no aprendemos a obtener datos y a guardarlos. Piense el lector que lo interesante es hacer un *script* que, de forma automatizada, me aporte soluciones conforme a las entradas concretas.

7.6.1 Entrada de datos

Para solicitar información por parte del usuario una vez se ejecute el *script*, podremos hacer uso del cmdlet **Read-Host**, que bloqueará la ejecución del código hasta que no insertemos algo por teclado y pulsemos la tecla *Enter*. Lo habitual es asociarlo a una variable, de manera que sea esta la que almacene el contenido solicitado para un posterior uso.

> *$a = Read-Host "¿Cómo te llamas?"*

Esta simple línea hará que se muestre la cadena de texto "**¿Cómo te llamas?**" y el contenido que le asignemos será almacenado en la variable **$a**.

7.6.2 Entrada desde fichero de texto

Si queremos leer el contenido de un fichero para trabajar con él lo haremos gracias al cmdlet:

> *$a = Get-Content fichero*

Fichero puede ser una ruta con el nombre de fichero al final. Aquí se almacenará el contenido del fichero en la variable **$a**. Si posteriormente queremos acceder a una línea concreta del contenido del fichero almacenado en la variable **$a,** lo haremos mediante:

> *$a[número de línea]*

La primera línea está numerada con el número 0 y no por el 1. Para acceder a la última línea de manera directa lo podemos hacer con la posición 1 negativa (**-1**).

7.6.3 Entrada desde la llamada del *script*

Al igual que con los cmdlets podemos usar parámetros con nuestro *script*. Para ello pasaremos junto al nombre del *script* el contenido de los parámetros, tal y como se ve en la instrucción siguiente:

./ejemplo1.ps1 parametro1 parametro2 ...

Para recuperar el valor de un determinado parámetro desde dentro del *script*, lo haremos a través de la variable reservada **$args** y la posición de la variable deseada, teniendo en cuenta que la primera será posicionada con **1**. Por lo tanto quedaría:

Write-host $args[1]

La instrucción anterior imprimirá por pantalla el valor del primer parámetro.

Si queremos saber cuántos parámetros se han pasado teclearemos:

$args.count

7.6.4 Salida de datos

Para imprimir datos en pantalla utilizaremos el cmdlet que hemos venido usando desde el principio en los ejemplos:

Write-Host "Hola que tal"

Recordemos que, si queremos, podemos colorear la salida. En este caso modificaremos el cmdlet **Write-Host** con los parámetros **foregroundcolor** y **backgroundcolor** de la manera:

Write-Host "Hola que tal" –foregroundcolor "Green"-backgroundcolor "red"

Con lo que nos aparecerá el texto en verde sobre fondo rojo.

7.6.5 Salida de datos a fichero

Puede que queramos almacenar algo de la salida en un fichero de texto. Para ello haremos uso de las redirecciones vistas anteriormente:

Get-ChildItem > "fichero"

7.7 OTROS ELEMENTOS

En este punto que vamos a utilizar como "cajón de sastre", vamos a aportar alguna información más:

▼ Si queremos ejecutar un *script* y que el contenido de las variables sea global, es decir, que pueda ser utilizado por otros *scripts,* lo haremos ejecutando el fichero del *script* antecediéndoles un punto de la siguiente forma:

> *. ./ejemplo.ps1.*

▼ Podemos ejecutar los *scripts* desde fuera de Microsoft Windows PowerShell; para ello (*-noexit* hace que una vez finalizada la ejecución no salga de la consola de Microsoft Windows PowerShell):

> *Powershell –noexit ".\ejemplo1"*

7.8 EJERCICIOS

1. Crear una variable llamada **prueba** y asignarle un texto. Comprobar las acciones que podemos realizar y usar al menos tres de ellas.

2. Crear una variable llamada **prueba2** y asignarle un número. Comprobar las acciones que podemos realizar y usar al menos tres de ellas.

3. Comprobar el uso de las comillas dobles y simples junto con el cmdlet **Write-Host**.

8

SCRIPTING. FECHAS Y WINDOWS FORM

Dentro de los conceptos iniciales para el desarrollo de *scripting* hemos querido dejar un capítulo especial en el que trataremos dos conceptos relativamente amplios.

Estos conceptos son los que tienen que ver con el manejo y manipulación de fechas y la generación de elementos gráficos.

El primero es explicado por sí mismo y posee la complejidad de que, siendo un tipo de dato más, posee múltiples elementos en su interior tales como el día, mes o año. En cuanto al segundo, nos permitirá trabajar de una manera más amigable y conocida por el usuario final.

8.1 TIPO FECHA

Como hemos dicho, el tipo fecha es un tipo más con el que podemos trabajar. Si queremos obtener la fecha del sistema bastará con teclear:

Get-Date

Y si queremos utilizarla en nuestro *script* bastará con almacenarlo en una variable de la manera:

$fecha = Get-Date

Pero no es esto lo único que podemos hacer. A continuación se presentan multitud de opciones que nos ampliarán la funcionalidad de una simple fecha dándole mayor sentido a este contenido aparentemente limitado.

8.1.1 Formatos predefinidos y personales

Lo primero que vamos a describir son los formatos que podemos sacar de manera predefinida, así como los formatos generados por el propio editor del *script*. En las siguientes tablas se muestran dichos formatos.

Formatos predefinidos	
Formato	**Descripción**
d	Formato corto
D	Formato largo
f	Fecha (formato largo) y hora (formato corto)
F	Fecha (formato largo) y hora (formato largo)
g	Fecha (formato corto) y hora (formato corto)
G	Fecha (formato corto) y hora (formato largo)
M,m	Día y mes
s	Formato ISO 8601
t	Hora abreviada
u	Universal
U	Formato fecha larga y hora larga universal
Y,y	Año y mes

Tabla 8.1. Formatos de fecha predefinidos

Para obtener la fecha en un formato predeterminado usaremos el parámetro **–Format**.

Get-Date –Format formato_deseado

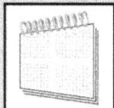

NOTA
Podemos sacar todos los formatos predefinidos de la fecha actual con:

(Get-Date).GetDateTimeFormats()

```
PS C:\Users\david> (Get-Date).GetDateTimeFormats()
11/07/2016
11/07/16
11/07/16
11/7/16
11-7-16
11-07-16
11.07.16
2016-07-11
lunes, 11 de julio de 2016
lunes 11 de julio de 2016
11 de julio de 2016
lunes, 11 de julio de 2016 12:10
lunes, 11 de julio de 2016 12:10
lunes, 11 de julio de 2016 12.10
lunes, 11 de julio de 2016 12.10
lunes, 11 de julio de 2016 12H10
lunes 11 de julio de 2016 12:10
lunes 11 de julio de 2016 12:10
lunes 11 de julio de 2016 12.10
lunes 11 de julio de 2016 12.10
lunes 11 de julio de 2016 12H10
11 de julio de 2016 12:10
11 de julio de 2016 12:10
11 de julio de 2016 12.10
11 de julio de 2016 12.10
11 de julio de 2016 12H10
lunes, 11 de julio de 2016 12:10:23
```

En la imagen podemos ver algunas de las salidas.

Formatos de personalización	
Formato	**Descripción**
dd	Día del mes
ddd	Día de la semana abreviado
dddd	Días de la semana extendido
hh, HH	Hora
mm	Minutos
MM	Mes numérico
MMMM	Nombre del mes
ss	Segundos
t	Hora
yy	Últimos dos dígitos del año
yyy	Año

Tabla 8.2. Formatos de personalización

Para pedir un formato personalizado seguiremos usando el parámetro –**Format**. Solo que esta vez lo pondremos entre comillas.

Get-Date –Format "formato_personal_deseado"

8.1.2 Manipular fechas almacenadas en variables

Si hemos almacenado el contenido de la fecha en una variable podremos alterar su contenido mediante funciones asociadas a este tipo de dato. Recordemos que estas funciones se hacen visibles al poner un punto tras el nombre de la variable definida. Si usamos Microsoft Windows PowerShell podremos ver esta lista de funciones en el desplegable que se nos mostrará.

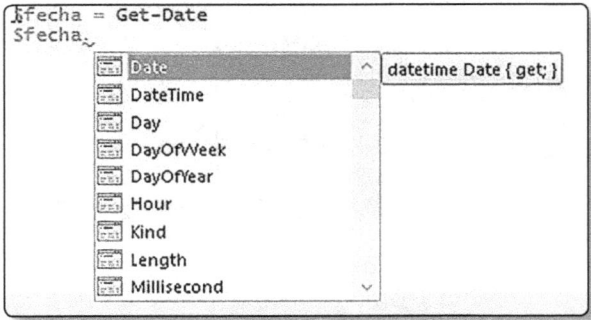

Figura 8.1. Funciones asociadas a una variable con el dato fecha contenido

8.2 WINDOWS FORMS

Windows Forms es una librería gráfica incluida en .NET Framework. El hecho de que Microsoft Windows PowerShell necesite .NET Framework para su correcto funcionamiento hace que también podamos hacer uso de los elementos y librerías contenidas en él.

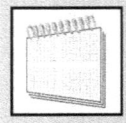

NOTA
Esta es una librería muy amplia de manera que en esta obra no nos ocuparemos de ella de una manera extensa, aunque sí se aportarán direcciones donde podremos hacerlo.

8.2.1 Incluir la librería Windows Forms en nuestro *script*

Evidentemente lo primero que tendremos que hacer para poder trabajar con Windows Forms es incluir la librería en el *script* que estemos desarrollando. Para hacerlo teclearemos como primera línea de nuestro *script* lo siguiente:

[void] [System.Reflection.Assembly]::LoadWithPartialName("System.Windows.Forms")

A partir de aquí podremos empezar a trabajar con Windows Forms creando interesantes formularios e insertándoles contenido y funcionalidad.

8.2.2 Creación de un formulario

En el momento que queramos que aparezca algún elemento gráfico, primero tendremos que crear el formulario vacío, al que posteriormente incluiremos contenido y funcionalidad, tal y como hemos dicho.

$nuevo_formulario = New-Object System.Windows.Forms.Form

El objeto ha sido creado y vinculado a la variable **$nuevo_formulario**. Para que se visualice tendremos que poner:

$ nuevo_formulario.ShowDialog()

Entre los dos códigos podremos insertar el código que le aporte funcionalidad o propiedades.

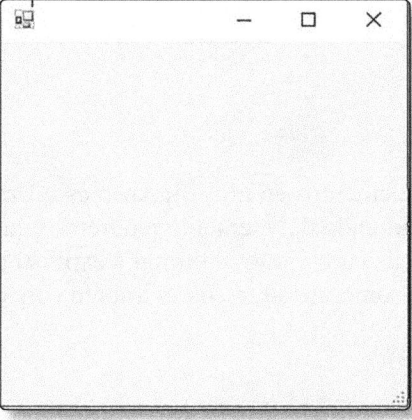

Figura 8.3. Formulario nuevo

8.2.3 Personalización inicial

Antes de adentrarnos en la inclusión de elementos y funcionalidades, veremos algunos contenidos propios del formulario que podremos personalizar.

Propiedades de personalización	
Propiedad	**Descripción**
$nuevo_formulario.Text	Nos permite ponerle título al formulario
$nuevo_formulario.StartPosition	Posicionar el formulario en un determinado espacio de nuestra pantalla. Esta posición puede tomar lo valores entre comillas. **CenterParent**: formulario centrado respecto a su padre **CenterScreen**: formulario centrado **Manual**: la posición es definida por la propiedad **Location**
$nuevo_formulario.Location	Localización personalizada $nuevo_formulario.Location = new Point(15, 15);
$nuevo_formulario.Size	Tamaño del formulario

Tabla 8.3. Propiedades para el formulario

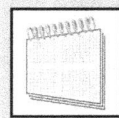

NOTA
Podemos obtener el listado completo de propiedades en la dirección web *https://msdn.microsoft.com/en-us/library/system.windows.forms. form.aspx.*

8.2.4 Incluir elementos

La inclusión de elementos en el formulario es quizás el apartado más largo de explicar, ya que dependiendo del elemento tendremos que trabajar con diferentes propiedades. En nuestro caso nos vamos a limitar a explicar dos de los elementos con la intención de que sirva como introducción al trabajo con Windows Forms.

8.2.4.1 INCLUIR TEXTO

Para incluir texto lo haremos a través de una etiqueta del formulario. Primero deberemos definir dicho objeto vinculándolo a una nueva variable.

$etiqueta = New-Object System.Windows.Forms.Label
$etiqueta.Text = "Texto para introducir en un formulario Windows Forms."
$etiqueta.AutoSize = $True

La primera línea nos crea el objeto y lo vincula a la variable **$etiqueta**. La segunda línea recoge el texto gracias a la propiedad **Text**. Por último indicamos que la propiedad **Autosize** es **True**, con la intención de que el objeto no ocupe todo el formulario, sino solo el necesario.

Ahora toca incluir esta etiqueta al formulario anteriormente creado:

$nuevo_formulario.Controls.Add($etiqueta)

NOTA
Podemos encontrar un ejemplo de Windows Forms ampliamente desarrollado en la dirección web *https://gist.github.com/jonschoning/5503062*

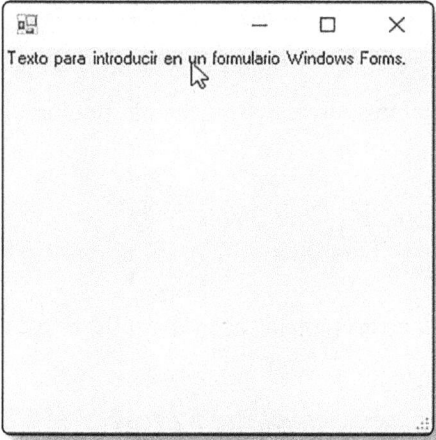

Figura 8.4. Formulario con texto incluido

8.2.4.2 INSERTAR BOTONES

Para insertar botones tendremos que crear un nuevo objeto.

$boton=New-Object System.Windows.Forms.Button
$boton.Text="Mi primer botón"
$boton.location=New-Object System.Drawing.Size(50,50)
$boton.Size=(100,20)
$nuevo_formulario.Controls.Add($boton)

Figura 8.5. Formulario con botón incluido

8.2.4.3 ASIGNARLE ACCIÓN AL BOTÓN

La propiedad que nos permite asignar una función al botón es:

$boton.Add_Click(
{Acciones}
)

Entre las llaves teclearemos las acciones a llevar a cabo. A modo de ejemplo nos mostrará un mensaje.

$boton.Add_Click(
{$boton.Text="Mensaje cambiado" }
)

En este caso tras pulsar el botón, su texto habrá cambiado.

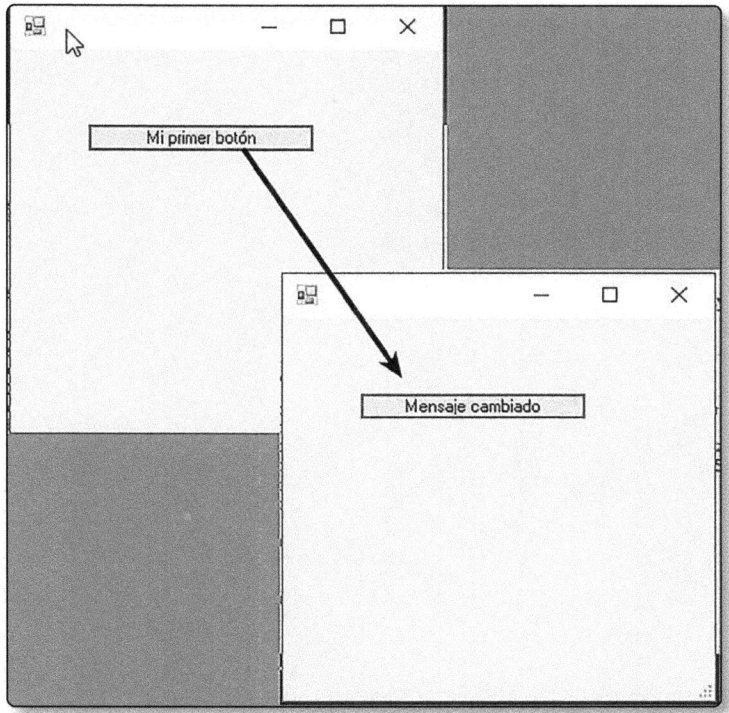

Figura 8.6. Formulario con acción en el botón incluido

9

SCRIPTING. FLUJOS Y FUNCIONES

Seguimos avanzando en complejidad. Hasta ahora hemos visto ya nuestros primeros conceptos de *scripting*, pero esto no sirve de nada si no tenemos en cuenta los conceptos tales como iteración o repetición.

Si no aplicamos estos conceptos a nuestro código, solo podremos ejecutar de manera lineal una serie de cmdlets. Pero gracias a los conceptos que aquí se plantearán podremos hacer programas de administración que tendrán como único límite el planteamiento que de él hagamos.

9.1 OPERADORES

Antes de explicar estos conceptos ampliaremos el listado de operadores que podremos utilizar. Recordemos que en el capítulo anterior ya vimos los operadores aritméticos, pero estos no son los únicos.

9.1.1 Operadores para comparación

Operadores Comparación	
Operador	Descripción
-lt	Menor que (*less than*)
-le	Menor o igual que (*less or equal than*)
-gt	Mayor que (*Greater than*)
-eq	Igual que (*equal*)
-ne	Diferente (*not equal*)

-like	Busca coincidencias. Por ejemplo: **like "*ara"** mostraría entre otros el resultado Clara si estuviera presente
-notlike	Muestra todos los que no coincidan
-match	Igual que –like, pero en este caso la comparación se hace con una expresión regular y no con el uso exclusivo de comodines
-nomatch	Igual que –nolike, pero en este caso la comparación se hace con una expresión regular y no con el uso exclusivo de comodines
-replace	Sustituye parte de la palabra indicada por otra

Tabla 9.1. Operadores comparación

Para un mejor entendimiento se van a exponer ejemplos de algunos de ellos. Bajo cada uno se desarrollará la explicación del mismo:

5 –eq 5 "mar" –ne "clara" # en ambos casos nos contestará **TRUE**
Clara –like "*ara" # contestará **TRUE**
Clara –match Cla[a-z]a # contestará **TRUE**
"david rodriguez" –replace "david", "clara" # contestará "clara rodriguez"

9.1.2 Operadores lógicos

Estos operadores nos aportarán una salida verdadera (TRUE) o falsa (FALSE) dependiendo de la comparación lógica resultante.

Operadores lógicos	
Operador	**Descripción**
-and	Y lógico
-or	O lógico
-not	NO lógico
-xor	O exclusivo
!	NO lógico (es igual que el anterior)

Tabla 9.2. Operadores lógicos

Igualmente se plantearán algunos ejemplos de uso.

"TRUE" –and "TRUE" # *en ambos casos nos contestará* **TRUE**
"TRUE" –or "FALSE" # *contestará* **TRUE**
-not "TRUE" # *contestará* **FALSE**

9.2 TIPOS DE FLUJOS

Los flujos son como conducir por carretera. Cuando nos encontramos con una bifurcación debemos decidir qué opción tomar, cuando entramos en una rotonda tenemos que seguir en ella hasta dar con la salida. Pues bien, en programación esto lo vamos a llevar a cabo gracias a los flujos.

9.2.1 Flujos condicionales

En este caso hablamos del ejemplo de la bifurcación, dependiendo del trayecto planteado inicialmente tomaremos una dirección u otra.

Para realizar las preguntas que nos ayuden a decir qué dirección tomar tenemos dos tipos de flujos condicionales.

▼ IF
▼ SWITCH

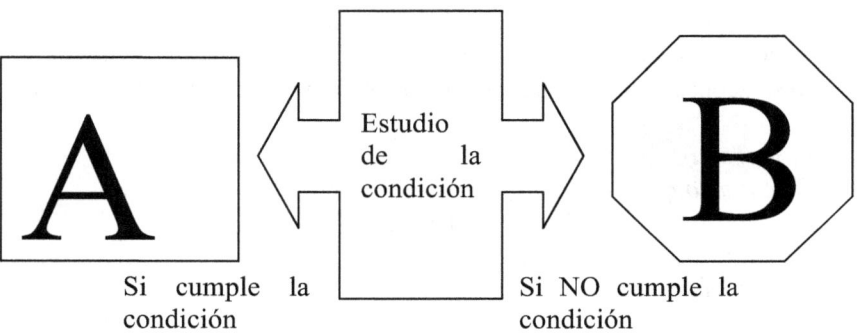

9.2.1.1 IF (SI)

El flujo condicional utiliza la palabra **IF**. De manera que realiza preguntas como "Si la variable es igual a 5 entonces haz una cosa, si no haz otra". ¿Y cómo se plantea esto en código?

If ($cadena –eq "Hola Mundo"){
    Write-host "Ha dicho HOLA MUNDO"
}else{
    Write-host "NO ha dicho HOLA MUNDO"
}

De esta manera si la variable **$cadena** tiene almacenada el valor "Hola Mundo" nos contestará con un mensaje que diga "Ha dicho HOLA MUNDO", en cualquier otro caso nos contestará con "NO ha dicho HOLA MUNDO".

Podemos ampliar nuestra condición con otras preguntas **IF**. La estructura completa quedaría como:

If (condición){
    Ejecutar lo que queramos
}elseif (condición){ #podemos poner tantos elsif como queramos
    Ejecutar lo que queramos
}else{ # else siempre tiene que ir el último
    Ejecutar lo que queramos
}

Además podemos poner una sentencia **IF** dentro de otra.

9.2.1.2 SWITCH

Si tenemos muchas condiciones que evaluar nuestro flujo condicional IF puede hacerse de gran tamaño. Para reducir este tamaño y generar un código más optimizado se aconseja utilizar, para estos casos, esta otra estructura condicional:

```
Switch ($cadena){
    1{ Ejecutar lo que queramos}
    "contenido"{ Ejecutar lo que queramos}
    3{ Ejecutar lo que queramos}
    default{ Ejecutar lo que queramos}
}
```

En este caso se contemplarán cuatro posibles soluciones: que la variable **$cadena** contenga el valor **1** o **3**, la cadena "**contenido**" o cualquier otro. Según la coincidencia ejecutará lo que contiene entre las llaves.

Podremos poner más valores expresando entre llaves lo que tiene que ejecutarse en caso de que exista coincidencia con ella.

9.2.2 Flujos repetitivos

Por su parte, los flujos repetitivos son como la rotonda en la carretera. Generaremos una condición y daremos vueltas dependiendo de la salida de la misma.

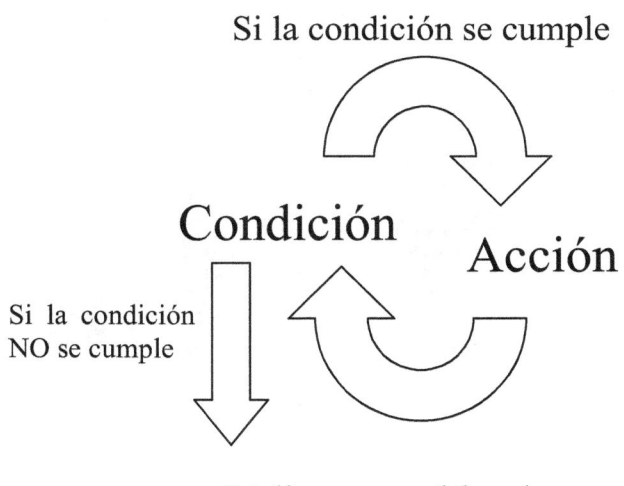

9.2.2.1 FOR (PARA)

Sabemos contestar a una condición y que nuestro *script* tome una u otra dirección. Pero ¿qué pasa si queremos que una acción se repita un número determinado de veces? Para ello tenemos la sentencia **FOR**.

```
For ($a=1; $a –le 5; $a++){
    Write-host "HOLA MUNDO"
}
```

En el caso anterior escribirá en pantalla cinco veces la frase "HOLA MUNDO". Si estudiamos la sentencia paso a paso dice:

▼ **$a=1**: inicializamos la variable con el valor **1**.

▼ **$a –le 5**: indica que se ejecutará mientras la variable **$a** sea menor o igual que **5**.

▼ **$a++**: cada vez que se realice lo que viene entre las llaves se incrementará en 1 el valor de la variable **$a**.

9.2.2.2 FOREACH (PARA CADA)

De esta manera podemos repetir una ejecución tantas veces como la condición indique. Pero, ¿qué pasa si lo que quiero es repetirlo conforme al contenido de una lista? Por ejemplo, supongamos que queremos hacer un **dir** (**get-childitem**) que nos anteponga la frase "el fichero se llama…" tal y como vemos en la imagen.

```
El fichero se llama ... compartida
El fichero se llama ... Nueva
El fichero se llama ... otra
El fichero se llama ... perfiles
El fichero se llama ... PerfLogs
El fichero se llama ... Program Files
El fichero se llama ... Program Files (x86)
El fichero se llama ... Users
El fichero se llama ... Windows
```

Figura 9.1. Salida esperada

Pues bien, para ello tenemos:

Foreach ($a in Get-ChilItem "C:\"){
 Write-host "El fichero se llama … $a"
}

Foreach ejecutará lo que contenga entre llaves para cada uno de los resultados de la instrucción **Get-ChildItem "C:\"**. Paso a paso tenemos:

▼ **$a in Get-ChilItem "C:\"**: se almacena en la variable **$a** el resultado de ejecutar **Get-ChildItem** a la ruta **C:**.

▼ **Write-host "El fichero se llama … $a"**: escribe la salida sustituyendo **$a** por su calor en cada caso.

9.2.2.3 WHILE (MIENTRAS)

Al igual que con la sentencia condicional IF tenemos otra opción de uso de la sentencia repetitiva FOR. Esta es "Hacer (acción) mientras (condición)". Se realizará la acción mientras se cumpla la condición:

```
$a=1
Do {
    write-host "Hola $a"
        $a++
    }
While ($a –lt 10)
```

Como puedes ver aquí, la condición va al final y la acción al principio. No obstante se identifican, igualmente, mediante paréntesis y llaves.

La impresión resultante será "**Hola 1**" hasta "**Hola 9**".

Es importante remarcar que la variable, en estos casos, debe ser actualizada como parte de las acciones y no como parte de la condición

9.2.2.4 UNTIL (HASTA)

Este caso es muy similar al anterior, solo que ahora repetirá las acciones **hasta** que se cumpla la condición.

```
$a=1
Do {
    write-host "Hola $a"
        $a++
    }
Until ($a –eq 10)
```

9.3 FUNCIONES

Las funciones son bloques de código que podremos reutilizar en cualquier parte de nuestro código a través de una llamada indicada por su nombre.

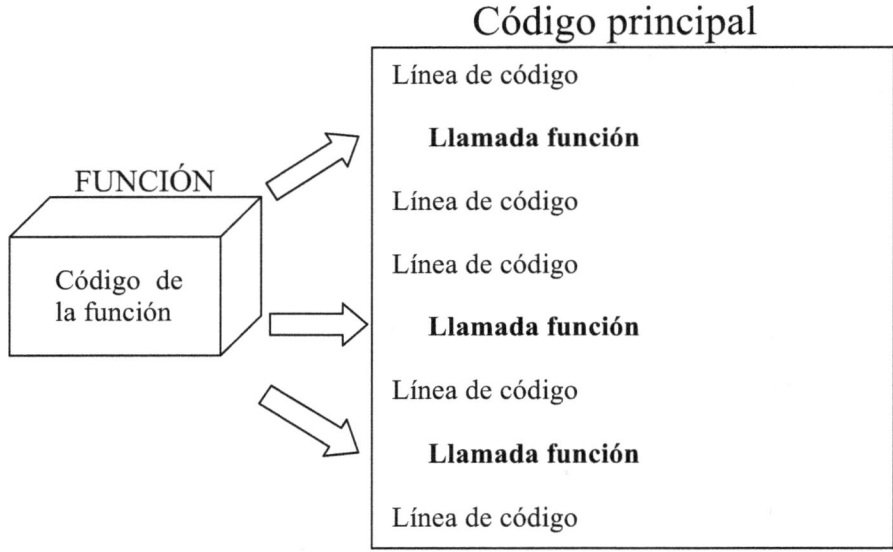

La declaración de las funciones se hará en el inicio del código principal de la manera siguiente:

```
function nombre_función
{
    Código de la función
}
```

Una vez declarada la función podremos ejecutarla tantas veces y en tantos lugares de código principal como queramos. Para ello, solamente tendremos que escribir el nombre de la función en el lugar donde queremos que la ejecución sea efectiva.

En el siguiente ejemplo se muestra el código y su ejecución resultante de una función que se llama tantas veces como el bucle repetitivo **for** es ejecutado, en nuestro caso, cinco veces.

```
1   function hola_mundo
2   {
3       write-Host "Hola mundo"
4   }
5   for ($a=0;$a -le 5;$a++){
6       write-Host "Posición $a"
7       hola_mundo
8   }
9
```

```
Posición 0
Hola mundo
Posición 1
Hola mundo
Posición 2
Hola mundo
Posición 3
Hola mundo
Posición 4
Hola mundo
Posición 5
Hola mundo
```

Figura 9.2. Ejemplo de función sencilla

9.3.1 Funciones avanzadas

Pero la forma de uso de las funciones puede hacerse más compleja. Por ejemplo, podemos pasarle parámetros de manera que sean utilizados en su interior y que así nos dé un resultado distinto por cada entrada.

Los parámetros se definirán en la primera línea de la función de la manera:

param([tipo]nombre_parametro)

A continuación este parámetro se podrá utilizar como una variable interna a través de su nombre.

Por ejemplo, vamos a plantear una función en la que se le pase un número y nos diga si este es par o impar.

function par_impar
{
    param([int]numero)
    [int] $operacion=$numero%2
    If ($operacion –eq 0){

>   Write-Host "El número $numero es PAR"
>   }else{
>   Write-Host "El número $numero es IMPAR"
>   }
> }

Ya solo queda llamar a la función y poner tras la llamada el valor que queremos que se le asocie. Esta llamada se puede hacer de dos maneras diferentes:

> par_impar –numero 10
> Par_impar 10

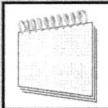

NOTA

Si queremos que algunos de los valores resultantes del interior de la función puedan ser utilizados fuera de ella, tendremos que devolverlo de la manera siguiente:

> Fuction ejemplo{
> [int]$solcuon=4+4
> $solucion #devolución de la variable
> }

Y la recuperaremos en el exterior en la misma llamada a esta función.

> $recuperar_aqui = ejemplo

9.4 EJERCICIOS

1. Probar cada uno de los ejemplos planteados y observar el resultado de salida.

2. Crear una función que nos calcule las operaciones suma, resta, división y multiplicación de dos números pasados como parámetros.

10

SEGURIDAD

Hasta ahora hemos venido hablando de códigos y cmdlets y los hemos ejecutado todos dentro de la consola de Microsoft Windows PowerShell o en Microsoft Windows PowerShell ISE. Pero, ¿qué pasa si queremos ejecutar nuestro código en otra máquina? Basta con hacer un código, guardarlo y llevárnoslo a otra máquina o ejecutarlo en nuestra consola para comprobar el resultado.

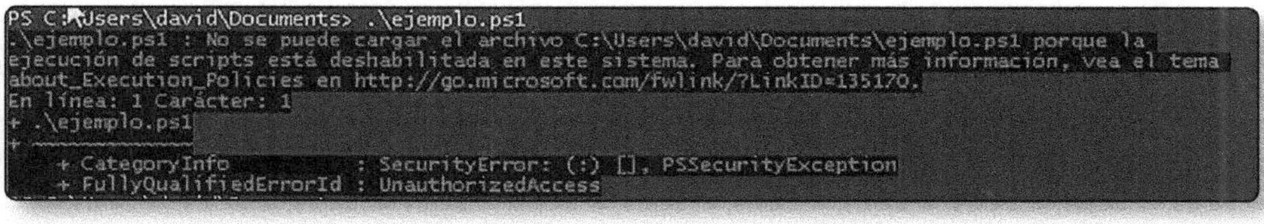

Figura 10.1. Salida tras intentar ejecutar un script

Esto que se muestra en la imagen es fruto de la política de seguridad restrictiva que Microsoft Windows PowerShell tiene asignada por defecto. Pero no es una política invariable. A través de unos conceptos y cmdlets específicos podremos modificarlo y personalizarlo.

10.1 SEGURIDAD PREVIA

Lo más probable es que si ha intentado ejecutar alguno de los *scripts* anteriores sin leer este capítulo, haya obtenido de respuesta al intento de ejecución un mensaje de error que indique que la política de seguridad le impide ejecutarlo.

Microsoft Windows PowerShell nos aporta una seguridad mejorada en relación al proceso de automatización, que soluciona los problemas presentados por las viejas consolas *batch*. De esta manera asegura el sistema frente a ejecuciones de *scripts* malintencionados. Las políticas se centran en:

- ▼ **Bloqueo de ejecución de *scripts*** de manera predeterminada dejando exclusivamente la ejecución para la consola de Microsoft Windows PowerShell y la escritura individual de cmdlets.

- ▼ **Asociación por defecto de los ficheros .ps1 al bloc de notas** con lo que se consigue que ante un doble clicado del ratón sobre este *script* sea ejecutado.

10.2 POLÍTICAS DE EJECUCIÓN

Son varias las políticas de ejecución que podemos asignar a nuestro Microsoft Windows PowerShell. Dependiendo de la seleccionada estaremos dejando más o menos expuesto nuestro sistema, pero por otro lado nos permitirá la ejecución o no de *scripts* de terceros.

Las diferentes políticas que podemos asignar son:

- ▼ **Restricted**: es la que se asigna por defecto en la mayoría de las versiones de Microsoft Windows y evita la ejecución de cualquier *script*. Permite la ejecución individual de cmdlets. De esta manera se previene de la ejecución de los *scripts* independientemente de la forma o formato que estos tengan.

- ▼ **AllSigned**: permite ejecutar todos los *scripts* que vengan firmados digitalmente. Esta solicitud de firma también se llevará a cabo con *scripts* del propio usuario. Aunque exige una firma asociada, no es garantía de que el *script* no sea malicioso.

- ▼ **RemoteSigned**: se permitirá la ejecución restrictiva de unos *scripts* y no de otros dependiendo del caso:
  - Permite ejecutar todos los *scripts* que vengan firmados digitalmente y verificados. Esta firma es como las usadas en el caso de direcciones webs seguras.
  - Permite la ejecución de los *scripts* sin necesidad de estar firmados siempre y cuando estén escritos por el propio usuario o, si habiendo sido descargados desde Internet, los hayamos desbloqueados.

- ▼ **Unrestricted**: permite ejecutar *scripts* aunque no estén firmados. No obstante nos lanzará mensajes de advertencia.

- **Bypass:** igual que el anterior, ninguno quedará bloqueado pero sin mensajes de advertencia.
- **Undefined:** en los casos en que la política sea indefinida se asumirá como **Restricted**.

10.3 BLOQUEAR Y DESBLOQUEAR *SCRIPTS*

El bloqueo o desbloqueo de un *script*, ya sea éste propio o descargado desde Internet, no es un proceso complejo. Lo único que tendremos que hacer es abrir las propiedades del mismo pulsando el botón derecho del ratón sobre él y seleccionaremos **propiedades**.

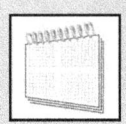

NOTA
Solamente podremos bloquear o desbloquear *scripts* descargados desde Internet. En caso contrario no veremos la opción de desbloqueo.

En la parte superior se nos presentan varias pestañas que nos permitirán configurar aspectos de seguridad o información del fichero. En nuestro caso la pestaña que nos interesa es **General**.

Figura 10.2. Pestaña "General" con opción de desbloqueo

En la parte inferior, como se puede ver, aparece un apartado nombrado como **Seguridad**, en el que se nos indica que este *script* proviene de otro equipo y que por tanto podría bloquearse a modo de protección. Pulsando sobre **desbloquear** y posteriormente **Aplicar** o bien **Aceptar**, quedará desbloqueado.

Para volver a bloquear simplemente desmarcaremos esta opción.

NOTA
Hay que recordar que los *scripts* desbloqueados son solo funcionales en el caso de una política **RemoteSigned**.

10.4 FIRMAR *SCRIPTS*

La firma de *script* pasa necesariamente por la posesión de un certificado para usarlo en dicho proceso. Estos certificados pueden ser obtenidos desde Internet gracias a las diferentes entidades certificadoras que podemos encontrar, o podemos crear nuestro propio certificado para la firma.

NOTA
Es importante que los certificado creados por nosotros pueden ser reconocidos como inseguros al no estar detrás de una entidad certificadora que lo respalde, aunque para nuestro proceso didáctico no necesitaremos más que esto.

10.4.1 Creación de un certificado propio

Si tenemos actualizado Microsoft Windows PowerShell no tendremos problemas en la creación del certificado. Para ello podemos usar un cmdlet que PowerShell nos proporciona en las últimas versiones:

New-SelfSignedCertificate -CertStoreLocation Cert:\localmachine\My -DnsName cert.clara
–Type CodeSigningCert

Donde la localización es la propia de nuestro **ámbito global** de máquina y el **dns** es el elegido por nosotros. Podremos variar el ámbito asignándole el deseado.

Si todo ha ido bien habremos creado nuestro nuevo certificado de firma para la máquina local.

> **NOTA**
> Podremos comprobarlo en la salida que se nos muestra por consola.

```
PS C:\Windows\system32> New-SelfSignedCertificate -certstorelocation cert:\localmachine\my -dnsname cert
.clara

    Directorio: Microsoft.PowerShell.Security\Certificate::LocalMachine\my

Thumbprint                                Subject
----------                                -------
DFEC7A769A74D2B6D94A203986FBD2A937A61A7F  CN=cert.clara
```

10.4.2 Firmar nuestro *script*

Si ya tenemos nuestro certificado podremos proceder a la firma de nuestro *script*. Lo primero que vamos a hacer es guardar en una variable nuestro certificado válido.

> $cert_valido = Get-ChildItem Cert:\LocalMachine\My\
> BE171A6EE164D4D315C2711E4A9103DB24DA957C -CodeSigningCert

La cadena **BE171A6EE164D4D315C2711E4A9103DB24DA957C** es la correspondiente a nuestra firma. Para poder obtenerlo listaremos todos los certificados que tengamos creados y nos quedaremos con el que corresponda al **dns** escrito anteriormente. En nuestro caso **clara.a**.

> Get-ChildItem Cert:\LocalMachine\My\ -CodeSigningCert

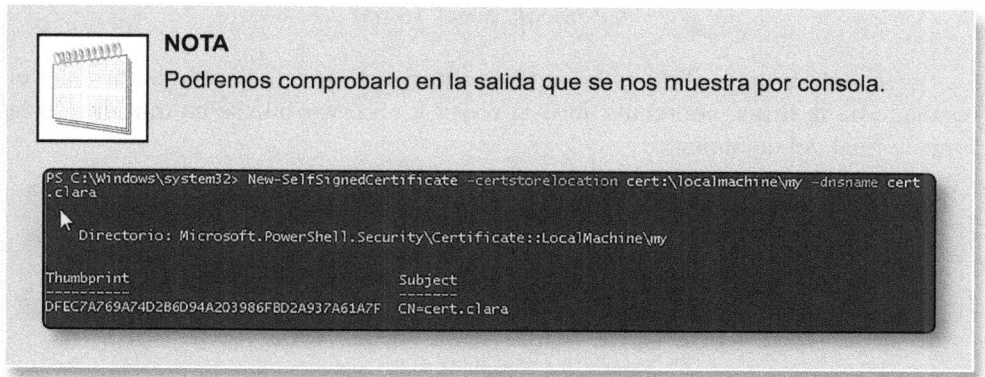

Figura 10.3. Listado de firmas disponibles

Por último procederemos a firmar con:

Set-AuthenticodeSignature C:\Users\david\Documents\ejemplo.ps1
-Certificate $cert_valido

Donde **$cert_valido** es la variable anterior. Si todo es correcto, tras ver el resultado de la firma, podremos abrir el *script* y observar que se ha introducido la firma al final del documento.

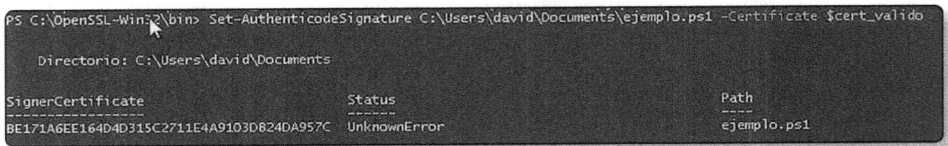

Figura 10.4. Resultado de la firma

```
Get-ChildItem

# SIG # Begin signature block
# MIIFaQYJKoZIhvcNAQcCoIIFWjCCBVYCAQExCzAJBgUrDgMCGgUAMGkGCisGAQQB
# gjcCAQSgWzBZMDQGCisGAQQBgjcCAR4wJgIDAQAABBAfzDtgWUsITrck0sYpfvNR
# AgEAAgEAAgEAAgEAAgEAMCEwCQYFKw4DAhoFAAQUrNTiKSTx18EuGmwqaBtA2eZb
# 7hWgggMMMIIDCDCCAfCgAwIBAgIQd2TxAiqUqr1DkJsncYHD0jANBgkqhkiG9w0B
# AQsFADASMRAwDgYDVQQDDAdjbGFyYS5hMB4XDTE2MDcwNzAwMDY0ML1oXDTE3MDcw
# NzAwMjY0M1owEjEQMA4GA1UEAwwHY2xhcmEuYTCCASIwDQYJKoZIhvcNAQEBBQAD
# ggEPADCCAQoCggEBAKKAvkxGe42VTkbkw8bVG8AGjpO8Vp0xcp98thV7YuszwGq0
# M9/lgqGewxjBJoiXS30DhDAbBycW1/K1ik92sLIRGYe/as3RuyrHtAsTuZCJOMS+
# IYWOnnJ2xSrj2Kk1osBieHSjZWkyQyJVLRGcFKYWOqT/weUw+AKjT+Uui11NF5fT
# q3VOpSrP81IMTLCvQVpd7r0AQeTd0Lf+GZbpIdylBIjI1qYOtTnn5XJcFVfR/ePn
# 6amgd3zfW0V02o1xLRIyIn4V4CFnBtKrTU2n3phWnVVi/ngL2lDckwpStwEmvmND
# eKrYS2yq5xQdhqnF4tvYE4aNxzO6z4nSbTQjqnsCAwEAAaNaMFgwDgYDVR0PAQH/
# BAQDAgeAMBMGA1UdJQQMMAoGCCsGAQUFBwMDMBIGA1UdEQQLMAmCB2NsYXJhLmEw
# HQYDVR0OBBYEFLPLPftezjapBQkwfoYeV9iycBMbMA0GCSqGSIb3DQEBCwUAA4IB
# AQChTUPNb2G4DSmnF59fV8KHS148mRckkU7EKKHNAeuiEIAvhik3evCmQNnGmOY0
# Dp4ft/oGfZ8MAFiCmIMf94+Na7RX3eyB6WB5J5YZNG3wNiUzJdYM/iKQGX2+HDYB
# ye3L6GpVy65z3Yw/ufomiFs4pDKWrA2GUWVhjDfmYD185dw9tfKZ2noDKKxaGP8E
# ZHrI3Lmjq110DdNgBdwU3ZQs86ejh3zBN4K1Az3ygg2+yqWYneqXYWTqm1IwnKKw
# iOkkDdEfrx1q/CIYYK5DA9iJqjf3Bf1QCUdWo50zCKzLWEXWShwPVWPZ2jg4J1u/
# 1vMQZP1ubwqBoWuuKrJ3gpTdMYIBxzCCAcMCAQEwJjASMRAwDgYDVQQDDAdjbGFy
# YS5hAhB3ZPECKpSqvUOQmydxgcPSMAkGBSsOAwIaBQCgeDAYBgorBgEEAYI3AgEM
# MQowCKACgAChAoAAMBkGCSqGSIb3DQEJAzEMBgorBgEEAYI3AgEEMBwGCisGAQQB
# gjcCAQsxDjAMBgorBgEEAYI3AgEVMCMGCSqGSIb3DQEJBDEWBBSzg05Nry89SzYh
# 9NcLHYn2184LTjANBgkqhkiG9w0BAQEFAASCAQBiRWnN18V4stVMStt2BswDAzlp
# Xmpqi32+oZ1adiiqkgo4QgcmaDDLXtbDqa/ZD/h4VgV79/HYUbL30hjbiqn61pf9
# kuekkeWbwvIAhPy9UJdaXrjU92Ypvdf1GzT3Fr/QTbbi+LP9FPqdV9LcNWxEbaVQ
# 1C+Ngc9DURGRd94gmk4LQr1I90gdNsAqtVHVOfE7c9vjxrDtA8v/Q1uoKRw0XfhY
# jIcE4+jD/4JYZ2xHBRHOOHylY1FG/vSIZ1/yHlU/PxwEwe9mIMjzVf/2oB07Z9rb
# w0+T3woL2fPQmte7qzmbV5WaQRNDD5KkFpBiu7fOV9sznA+L3d5hTyZ0+Wpg
# SIG # End signature block
```

Figura 10.5. Script firmado

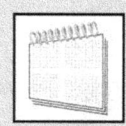

NOTA

Recordemos que para que estos *scripts* se puedan ejecutar tendremos que asignar la política correcta.

10.5 INFORMACIÓN DE LA POLÍTICA ASIGNADA

Para ver la seguridad que tenemos establecida en el sistema en un momento determinado podremos teclear el cmdlet:

Get-ExecutionPolicy

Si no hemos hecho ningún cambio previo, lo más normal es que nos indique que la política que tenemos asignada es **Restricted**, que recordemos es la política de seguridad por defecto.

Figura 10.6. Ejecución del cmdlet Get-ExecutionPolicy

10.6 ASIGNACIÓN DE UNA POLÍTICA

Ya conocemos las diferentes políticas de ejecución. Sabemos igualmente el riesgo o ventaja que cada uno de ellos nos va a aportar. En caso de querer modificarla solo tendremos que asignarla mediante el cmdlet asociado a este proceso.

Set-ExecutionPolicy Política

Donde **Política** será la política que queremos que quede asignada desde este momento y que tendremos que elegir de las anteriormente descritas. De esta manera, si hemos asignado una política correcta, no tendremos problemas en la ejecución de los *scripts*. Es común que ante un cambio de política nos avise y pida confirmación.

```
PS C:\Windows\system32> Set-ExecutionPolicy RemoteSigned
PS C:\Windows\system32>
Cambio de directiva de ejecución
La directiva de ejecución le ayuda a protegerse de scripts en los que
no confía. Si cambia dicha directiva, podría exponerse a los riesgos
de seguridad descritos en el tema de la Ayuda
about_Execution_Policies en
http://go.microsoft.com/fwlink/?LinkID=135170. ¿Desea cambiar la
directiva de ejecución?
[S] Sí  [O] Sí a todo  [N] No  [T] No a todo  [U] Suspender
[?] Ayuda(el valor predeterminado es "N"): _
```

Figura 10.7. Solicitud de confirmación ante un cambio de política

10.7 TRABAJAR CON LOS ÁMBITOS DE EJECUCIÓN

Cuando hablamos de ámbitos de ejecución nos referimos al entorno en el cual la política de ejecución asignada va a ser efectiva. De esta manera podemos hacer que una política sea aplicada a uno o a todos los usuarios del sistema donde queremos activar dicha política de ejecución.

Los ámbitos de las diferentes políticas se describirán de menor a mayor restricción.

Ámbitos de ejecución	
Ámbito	**Descripción**
PROCESS	Asignación de política asociada a la consola Microsoft Windows PowerShell activa. Si cerramos la consola se eliminará
CURRENTUSER	Esta política quedará asociada al usuario activo. La política se almacenará en el espacio de registro asociado a dicho usuario
LOCALMACHINE	Afectará a todos los usuarios de la máquina e igualmente se guardará en registro, pero en este caso en el apartado asociado a la máquina local

Tabla 10.1. Ámbitos de ejecución

La asignación de un determinado ámbito se realizará con el cmdlet asociado a la política de ejecución **Set-ExecutionPolicy**.

Set-ExecutionPolicy –Scope Ámbito Política

Sustituiremos **Ámbito** por el nombre de ámbito deseado a escoger de los listados en la tabla anterior y **Política** por la política a aplicar. Igualmente se nos solicitará confirmación.

10.8 EJERCICIOS

1. Guardar todos los ejercicios desarrollados en el capítulo anterior y ejecutarlos en consola Microsoft Windows PowerShell con las diferentes políticas para observar el resultado.

2. Uno de los *scripts* reutilizado en el ejercicio anterior tendremos que firmarlo con nuestro certificado personal. Tras este proceso comprobar la diferencia que se observa al intentar ejecutarlo desde una política **AllSigned** u otra cualquiera.

3. Descargar alguno de los ejemplo de *script* que se nos ofrecen en la dirección web *https://gist.github.com/HiroNakamura/5328211* y desbloquearlo. Posteriormente comprobar que se pueda ejecutar con la política **RemoteSigned**.

11

GESTIÓN DE PAQUETES

Algo que identificaba a GNU/Linux frente a Microsoft Windows es la gestión de paquetes que el primero hacía y que en el segundo no terminaba de arrancar.

Esta gestión de paquetes permite al usuario poder administrar los paquetes instalados o a instalar, de manera que no tengamos que ir a la web propia del *software* a instalar, sino que se pueda hacer esto desde el propio sistema operativo y, en el caso de Microsoft Windows PowerShell, desde una serie de comandos.

Pues este es el asunto que vamos a tratar y que a día de hoy ya es una realidad en nuestro sistema operativo Microsoft Windows.

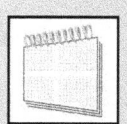
NOTA
La gestión de paquetes funciona bien en la versión 5 de Microsoft Windows PowerShell. De no ser esta la versión que se tiene instalada se recomienda proceder a su actualización.

11.1 INTRODUCCIÓN

La gestión de paquetes que Microsoft ha propuesto para Microsoft Windows PowerShell es la opción destinada a usuarios técnicos.

Si ya ha trabajado con los sistemas operativos actuales de Microsoft recordará la introducción de **Windows Store** Pero, si ya tenemos este gestor gráfico que nos permite acercarnos a la gestión de paquetes independientemente del nivel de administración que tengamos, ¿por qué introducir este nuevo concepto para consola? Pues la respuesta la entenderemos mejor si comparamos con GNU/Linux y sus gestores **apt-get**, **yum** o similares.

Figura 11.1. Windows Store

La verdadera mejora es la posibilidad de que cualquiera pueda ser proveedor de paquetes para Microsoft Windows con la simple introducción de los datos que como proveedor se nos distribuyan. Esto hace que sea mucho más abierto frente a distribuidores de *software* independiente.

NOTA
Este gestor de paquetes está basado en el gestor de paquetes **NuGet** para Visual Studio.

Para ver el listado de cmdlets que podemos utilizar teclearemos:

Get-Command –Module PackageManagement

Con lo que obtendremos el listado de cmdlets asociado al módulo de gestor de paquetes.

```
PS C:\Windows\system32> Get-Command -Module PackageManagement

CommandType     Name                                Version
-----------     ----                                -------
Cmdlet          Find-Package                        1.0.0.1
Cmdlet          Find-PackageProvider                1.0.0.1
Cmdlet          Get-Package                         1.0.0.1
Cmdlet          Get-PackageProvider                 1.0.0.1
Cmdlet          Get-PackageSource                   1.0.0.1
Cmdlet          Import-PackageProvider              1.0.0.1
Cmdlet          Install-Package                     1.0.0.1
Cmdlet          Install-PackageProvider             1.0.0.1
Cmdlet          Register-PackageSource              1.0.0.1
Cmdlet          Save-Package                        1.0.0.1
Cmdlet          Set-PackageSource                   1.0.0.1
Cmdlet          Uninstall-Package                   1.0.0.1
Cmdlet          Unregister-PackageSource            1.0.0.1
```

Figura 11.2. Listado de cmdlets del módulo PackageManagement

Las funcionalidades de cada uno de los cmdlets listados son:

Cmdlets del módulo PackageManagement	
Cmdlet	**Descripción**
Find-Package	Localizar si un paquete con un determinado nombre puede ser instalado a través de este gestor
Find-PackageProvider	Buscar proveedores de paquetes con un determinado nombre
Get-Package	Obtener listado de paquetes instalados
Get-PackageProvider	Obtener listado de proveedores
Get-PackageSource	Obtención de paquetes fuente
Import-PackageProvider	Agregar proveedor a la lista existente
Install-Package	Instalador de paquetes
Install-PackageProvider	Instalador de proveedores de paquetes
Register-PackageSource	Agregar un nuevo origen de *software* a un determinado proveedor de paquetes
Save-Package	Guarda los paquetes en el equipo local sin instalarlos
Set-PackageSource	Cambia la información de un origen de paquetes existente
Uninstall-Package	Desinstalar un determinado paquete
Unregister-PackageResource	Eliminar un origen de *software*

Tabla 11.1. Cmdlets del módulo PackageManagement

11.2 TRABAJAR CON PAQUETES

Para trabajar con paquetes vamos a tratar un ejemplo completo de búsqueda, instalación y desinstalación. Todo ello lo vamos a llevar a cabo con el navegador web **Chrome** de la empresa Google.

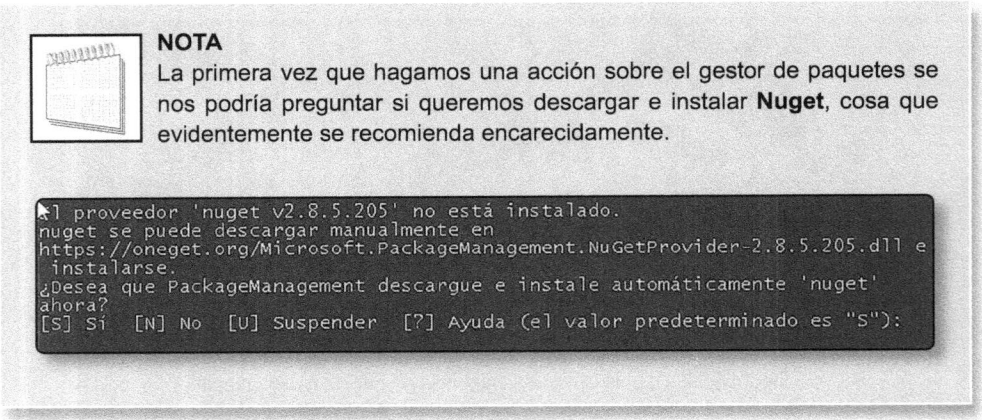

11.2.1 Buscar paquetes

Antes de instalar un determinado paquete es habitual que procedamos a su búsqueda. Hay muchos casos en los que no sabremos su nombre completo pero sí parte. Para solucionar este problema habitual haremos uso de caracteres comodín.

Como hemos , en nuestro caso vamos a instalar **Chrome** de Google, pero no sabemos cómo se ha nombrado en el gestor de paquetes. Por lo tanto teclearemos:

Find-Package –Name *chrome*

A lo que se nos mostrará una salida con todo nombre de paquete coincidente.

Figura 11.3. Resultado de la búsqueda de paquetes

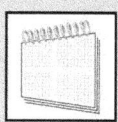

NOTA
Podemos obtener un listado completo de paquetes disponibles eliminando el parámetro de **–Name** y dejando solo el cmdlet **Find-Package**.

11.2.2 Instalar paquetes

Ya tenemos el paquete localizado, así que es el momento de instalarlo. El trámite es sencillo, pasa por usar el cmdlet destinado a tal fin con el nombre del paquete asociado, de la manera:

Install-Package –Name xchrome

Tras la ejecución de este cmdlet se nos pedirá confirmación de la instalación del paquete solicitado indicándonos desde qué proveedor se va a obtener.

```
PS C:\Windows\system32> Install-Package -Name xchrome
Los paquetes proceden de un origen de paquete que no está marcado como de
confianza.
¿Está seguro de que desea instalar software de 'PSGallery'?
[S] Sí  [O] Sí a todo  [N] No  [T] No a todo  [U] Suspender  [?] Ayuda
(el valor predeterminado es "N"):
```

Figura 11.4. Instalación de paquetes

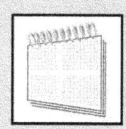

NOTA
No olvidemos que para trabajar con elementos como la gestión de paquetes tendremos que abrir la consola con privilegios de administración.

El proceso de instalación será notificado en la parte superior de la consola de Microsoft Windows PowerShell.

```
Installing package 'xChrome'
    Installing dependent package 'xPSDesiredStateConfiguration'
    [
    Installing package 'xPSDesiredStateConfiguration'
        Downloaded 0,06 MB out of 0,22 MB.
        [ooooooooooooooooo
```

Figura 11.5. Estado de la instalación de paquetes

Finalizado el proceso se nos mostrará un resumen de los paquetes instalados.

NOTA
Teniendo en cuenta el momento inicial de uso en que nos encontramos, puede ser que algunos paquetes no se instalen correctamente o que el *script* de instalación en el momento de proceder a su uso no esté correctamente actualizado.

11.2.3 Eliminar paquetes instalados

Eliminar un paquete instalado es mucho más sencillo. Basta con usar el cmdlet contrario asociado al nombre de paquete que previamente habremos localizado.

Uninstall-Package –Name xchrome

NOTA
Para obtener más información del proceso podremos utilizar el parámetro **–Verbose** en cualquiera de los casos.

11.2.4 Listar los paquetes instalados

Como vimos en la tabla anterior, el cmdlet para listar los paquetes instalados en nuestro sistema es:

Get-Package

Figura 11.6 Listado de paquetes instalados

11.3 TRABAJAR CON LOS PROVEEDORES

No olvidemos que el gestor de paquetes de Microsoft Windows PowerShell funciona gracias a una lista de proveedores desde donde descargar el *software* a instalar.

Es importante que tengamos estos proveedores bien actualizados y que podamos incluir nuevos o eliminar los que hayan quedado fuera de servicio o desactualizados.

11.3.1 Listar los proveedores disponibles

Lo primero que tenemos que hacer para entender el concepto de los proveedores es listar los que tenemos en el momento concreto.

Get-PackageProvider

```
PS C:\Windows\system32> Get-PackageProvider
Name              Version       DynamicOptions
----              -------       --------------
msi               3.0.0.0       AdditionalArguments
msu               3.0.0.0
NuGet             2.8.5.205     Destination, ExcludeVersion, Scope, Headers, FilterOnTag, Contains, AllowPrereleaseVersions, Conf...
PowerShellGet     1.0.0.1       PackageManagementProvider, Type, Scope, InstallUpdate, PackageManagementProvider, Type, Filter, T...
Programs          3.0.0.0       IncludeWindowsInstaller, IncludeSystemComponent
```

Figura 11.7. Listado de proveedores instalados

Este listado puede ser más completo si en lugar de usar la acción **Get** usamos la acción **Find**.

Find-PackageProvider

De esta manera veremos el listado de proveedores:

```
PS C:\Windows\system32> find-PackageProvider
Name              Version       Source                         Summary
----              -------       ------                         -------
nuget             2.8.5.205     https://oneget.org/nuget-2...  NuGet provider for the OneGet meta-package manager
chocolatey        2.8.5.130     https://oneget.org/Chocolat... ChocolateyPrototype provider for the OneGet meta-package man...
ContainerImage    0.6.4.0       PSGallery                      This is a PackageManagement provider module which helps in d...
GitHubProvider    0.5           PSGallery                      GitHub-as-a-Package - PackageManagement PowerShell Provider...
TSDProvider       0.2           PSGallery                      PowerShell PackageManager provider to search & install TypeS...
MyAlbum           0.1.2         PSGallery                      MyAlbum provider discovers the photos in your remote file re...
GistProvider      0.6           PSGallery                      Gist-as-a-Package - PackageManagement PowerShell Provider t...
NanoServerPackage 0.1.1.0       PSGallery                      A PackageManagement provider to discover, save and install N...
OfficeProvider    1.0.0.1       PSGallery                      OfficeProvider allows users to install Microsoft Office365 P...
GitLabProvider    1.2.0         PSGallery                      GitLab PackageManagement provider
WSAProvider       1.0.0.4       PSGallery                      Provider to Discover, Install and inventory windows server apps
```

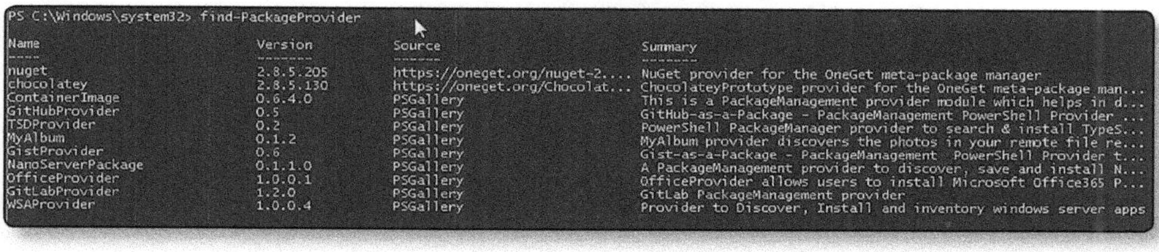

Figura 11.8. Búsqueda de proveedores

En el campo **Source** se puede observar si alguno de ellos es parte de una fuente común, como en el caso de la fuente **PSGalery**.

11.3.2 Instalar proveedores

Obtenido el listado del proveedor o proveedores a instalar, seguiremos la estructura del cmdlet siguiente de la forma:

Install-PackageProvider –Name Nombre_a _instalar -Verbose

12

EJEMPLOS DE USO

Bueno, ha llegado el momento de poner en práctica el funcionamiento de la codificación con Microsoft Windows PowerShell. Para ello vamos a plantear tres casos diferentes:

- ▼ El primero se centrará en un *script* que haga uso de algunas aplicaciones de gestión de usuario de Microsoft Windows.

- ▼ El segundo crearemos un *script* de limpieza de sistema para intentar dejar nuestro usuario limpio en cada arranque de sistema.

- ▼ Un tercero que hará uso de una aplicación de *software* libre que, aunque no es propia de Microsoft, nos ayudará a realizar aplicaciones gráficas sin mucho conocimiento de programación orientada a objetos o uso de .NET.

12.1 SCRIPT NÚMERO 1

A estas alturas, y conociendo de manera superficial parte de los entresijos de Microsoft Windows PowerShell, vamos a mostrar un código simple a modo de ejemplo. Antes de plantearlo debemos indicar que se van a utilizar conjuntamente comandos no explicados de administración de sistemas Microsoft Windows en conjunto con cmdlets y flujos propios de Microsoft Windows PowerShell.

El ejemplo plantea la posibilidad de automatizar ciertas tareas a realizar sobre el listado de usuarios presente en un fichero de texto. Los usuarios se presentarán uno por línea y se guardarán en un fichero con formato **txt**.

La idea es que a la llamada del *script* se le adjunte como parámetro la ubicación y nombre del fichero que almacena los usuarios. De no ser así tomará una ubicación por defecto. El código queda explicado mediante comentarios insertados en el mismo.

```
./script1.ps1  #opción llamada número 1
./script1.ps1 C:\users\david\usuarios.txt #opción llamada número 2
```

El *script* quedaría de la siguiente manera:

```
#Limpio la pantalla antes de empezar
Clear-Host


# Leo el fichero de texto. La ruta la tomaremos del parámetro primero.
# Si no existiera cogeremos la ruta actual y el nombre por defecto.
if ($args.count -eq 0){
    $Lusuarios = Get-Content ".\usuarios.txt"
}else{
    $Lusuarios = Get-Content $args[0]
}


#Compruebo si en el fichero recuperado existen nombres de
#usuario, si no salgo.
if ($Lusuarios -eq $null){
    write-host "No hay nada que hacer"
    exit 1
}


#Para cada usuario aplico acciones
foreach ($usuario in $Lusuarios){

    #Repetirá mientras la variable de control así lo indique
    #Comprobar si existe el usuario. Si no paso al solo permito añadir.
    $existe=net user $usuario 2> $null
```

```
If ($existe -ne $null )
{
    #Inicializo la variable de control
    $siguiente=1

    #Petición de opciones
    Write-Host "¿Qué desea hacer con el usuario ----$usuario----?"
    $opcion = Read-Host "(d-borrarlo, g-hacerlo administrador, i-información, s-saltar)";


    do{
        #Según la opción elegida hago una cosa u otra
        switch ($opcion)
        {
            d {Write-host "$usuario --- ha sido eliminado"
                net user $usuario /del;
                $siguiente=1 }
            g {Write-host "$usuario --- ha sido unido al grupo administradores"
                net group administradores $usuario /add
                $siguiente=1}
            i {net user $usuario
                $siguiente=1}
            s {write-host "Pasando al siguiente usuario..."
                }
            default {Write-Warning "Por favor elige una opción valida"
                $opcion = Read-Host "(a-añadir, d-borrarlo, g-hacerlo administrador, i-información, s-salir)"
                $siguiente=0}
        }
    }until ($siguiente -eq 1)
}else{ #Si no existe el usuario solo puedo añadirlo
    $respuesta=read-host "$usuario --- NO EXISTE ¿Quiere añadirlo (s/n)?"
```

```
        if ($respuesta -eq "s"){
            Write-host "$usuario --- ha sido añadido como usuario nuevo"
            net user $usuario /add
        }
    }

}

#Limpio el contenido de la variable para evitar conflictos futuros
Clear-Variable Lusuarios

#Despedida
Write-Host "Gracias por usar la herramienta de gestión de usuarios."
```

12.2 SCRIPT NÚMERO 2

En este *script* vamos a crear una calculadora básica, no visual, que funcionará a través de preguntas.

Se desarrolla este ejemplo por la facilidad que aporta para integrar multitud de conceptos vistos en la obra tales como funciones, parámetros, devolución de parámetros, forzado de tipos en variables o sentencias repetitivas o de selección.

Igualmente, y para mostrar todo lo visto, se ha procedido a firmar el código con un certificado personal creado en la consola de Microsoft Windows PowerShell.

```
#Script para el desarrollo de una calculadora básica

#Declaración de funciones
function resultado{
    param($var1, $var2, $oper)
    Switch ($oper){
        A{[int]$solucion=$var1+$var2}
        B{[int]$solucion=$var1-$var2}
        C{[int]$solucion=$var1/$var2}
        D{[int]$solucion=$var1*$var2}
```

```
        E{[int]$solucion=$var1%$var2}
        default{ $solucion="Operación erronea"}
    }
        #Devulveo el valor $solucion a principal
    $solucion
}
function lista_operaciones{
    Write-Host "**************************"
    Write-Host "*****LISTA OPERACIONES******"
    Write-Host "**************************"
    Write-Host "A- Suma"
    Write-Host "B- Resta"
    Write-Host "C- División"
    Write-Host "D- Multiplicación"
    Write-Host "E- Resto"
    Write-Host "**************************"
}


#Cuerpo central
#Petición de parametros
Do{
    write-host ""
    write-host ""
    Write-Host "**************************"
    Write-Host "******Petición Valores******"
    Write-Host "**************************"

    #si existe resultado previo ofrecemos el usarlo como Valor A
    if ("$sol" -ne ""){
        $repetir=Read-Host "¿Quieres usar la solución previa -$sol- como Valor A (S/N)?"
        if($repetir -eq "S"){
            #Forzamos el valor a numerico
```

```
            [int]$valorA=$sol
        }else{
            [int]$valorA=Read-Host "Dime el Valor A"
        }
    }else{
        [int]$valorA=Read-Host "Dime el Valor A"
    }
    [int]$valorB=Read-Host "Dime el Valor B"
    #presento la lista de operaciones
    lista_operaciones
    $operacion=Read-Host "Dime la operación"
    #llamo a la función con los parametros
    $sol=resultado -var1 $valorA -var2 $valorB -oper $Operacion
    Write-Host "------------> El resultado es: $sol"
    #Pregunto si quiere otra operación
    write-host ""
    write-host ""
    $repetir=Read-Host "¿Quieres otra operación (S/N)?"
    #Si la respuesta es N salgo, en otro caso vuelve a empezar
    if($repetir -eq "N"){
        exit
    }
#La condición While a 1 hace que siempre vuelva a repetirse
}While (1)
# SIG # Begin signature block
# MIIFbQYJKoZIhvcNAQcCoIIFXjCCBVoCAQExCzAJBgUrDgMCGgUAMGkGCisGAQQB
# gjcCAQSgWzBZMDQGCisGAQQBgjcCAR4wJgIDAQAABBAfzDtgWUsITrck0sYpfvNR
# AgEAAgEAAgEAAgEAAgEAMCEwCQYFKw4DAhoFAAQU6T2DOJQvxd5Mt3/FoGvfhxIn
# 8p6gggMPMIIDCzCCAfOgAwIBAgIQIg/0BlKOHYpBz2hGZJdtWzANBgkqhkiG9w0B
# AQsFADATMREwDwYDVQQDDAhjbGFyYYS5lczAeFw0xNjA3MTIyMjE1MjlaFw0xNzA3
# MTIyMjM1MjlaMBMxETAPBgNVBAMMCGNsYXJhLmVzMIIBIjANBgkqhkiG9w0BAQEF
# AAOCAQ8AMIIBCgKCAQEAuv4swATlVogis9+HWO++8dhYcdnnzXqdK6Gd+6dTbVek
# IYoP0ag6IvOEyjvPUTpRdGYLgN1iqq0u9RmazKgUqlEX6/VmsjBllmMybMRIC2cg
# VK29Z+Yv/7QtRfauZvjc5iZLvCXy56kUw94pP7by7FrFMdPNE12gfbSwKYt+4p3E
# 1pWSMHWFYBmElJeI8WN2rY9Yl8gn3/R+u1TTYDUhkX8/AQygG8zDcrzENzpNoSPh
# AggqAVUY4dmCmAsvv19scgsvUtmCNjH+kgejjqdqfiYt5rvI1TzBHPYY1qyK9Uzz
```

```
# M4fFXnna9ekChPUsNx6mu1MUTbCizr684y7ri7qd7QIDAQABo1swWTAOBgNVHQ8B
# Af8EBAMCB4AwEwYDVR01BAwwCgYIKwYBBQUHAwMwEwYDVR0RBAwwCoIIY2xhcmEu
# ZXMwHQYDVR0OBBYEFFo8rLclfQYE/pf7vlTtsik1QWauMA0GCSqGSIb3DQEBCwUA
# A4IBAQAImGV6QHHiaePIEVehkLsll3TiuEp4RkaFGLswe0TPqA6tWh36sFvayv3g
# kfBozJI2SyNR5j70LetOhknE6QSDq9tfWuDr9ecSfofqlD0RRqsfXNTT3iuI2GEx
# jcoeU4c4zQIOihVaE8l2qNUonHMMQpr3rot2lMHpxNthI8Z9PSc8FgYjR/ZImWDP
# FlwFfThR5uTX01hLPVWvascV1JEbpLFcBoeRzqFfUH8O41tBdaxPJZLlGMhhDYIN
# dy+PoHJonY1i6z20GB/7OX2RcZ+14ttDN96Erb42FkIAtUUx12cVGWug/tOSmtyT
# x6RcUtfUT51Lj/bzUe6HfpUyYmUCMYIByDCCAcQCAQEwJzATMREwDwYDVQQDDAhj
# bGFyYS51cwIQIg/0BlKOHYpBz2hGZJdtWzAJBgUrDgMCGgUAoHgwGAYKKwYBBAGC
# NwIBDDEKMAigAoAAoQKAADAZBgkqhkiG9w0BCQMxDAYKKwYBBAGCNwIBBDAcBgor
# BgEEAYI3AgELMQ4wDAYKKwYBBAGCNwIBFTAjBgkqhkiG9w0BCQQxFgQUqsZc0kQe
# dEz6iBOkFKqqXBJKB1IwDQYJKoZIhvcNAQEBBQAEggEAgee1/uBpnySSegIHEM1J
# m6Z3/w2hSH8H6bYq8lf+Q1cJBWt6cYTojR+cEWR9MbJgGPFknTrpiJFs/UBYkMRo
# 8XFiGCqsnxQ+vWQxdTYeEmr8Syhl/UXd4zJ+xKtCnBkNN5ErWeetzgHgyr+EnPgG
# oKJ+VGEBY9uYFQtF5ooPj0ANE8JlaNPj2Qw0z1tIOyU8f50FCH5n/pHCF4OkzdXw
# 4Y8qhJG88Yb1btIp5d6ggxmwLW7+iSLfVqW8a0wnAO15yR2wGoSk2uaqDbDfQm6/
# ixNqHfdNX1hWvKm6sj+4orZdpagh9pZCdKPp9tuEvniyuKPo1rjz8+tuc3Z7pZPc
# +g==
# SIG # End signature block
```

12.3 SCRIPT NÚMERO 3

El tercer *script* va a ampliar lo visto hasta ahora gracias al concepto nombrado como **Zenity**. Esta herramienta de *software* libre nos aporta un set de comandos para poder mostrar mensajes y ventanas de petición dentro del modelo gráfico sin una complejidad muy alta.

NOTA
Para entender **Zenity** se recomienda leer el anexo indicado antes de intentar comprender este código.

El ejemplo de lo que hace es crear copias de seguridad tomando como origen una carpeta compartida en red. Tendremos tres opciones:

▼ Copiar ficheros coincidentes con un fragmento de su nombre.
▼ De todos los nombres que coincidan en el criterio, copiar el último creado.
▼ Copiar el contenido completo.

Igualmente, controlará errores como los que surgen al cerrar la ventana de selección sin selección previa.

Para que todo funcione correctamente tendremos que asignar valores a las variables generales de programa que se encargan de:

- **$espacio_remoto**: carpeta compartida. Tras las dos barras se indica el nombre de la máquina que la comparte.

- **$destino**: el destino donde se llevará a cabo la copia.

- **$carpeta_nueva**: cada vez que realicemos una copia crearemos una carpeta nueva que lo ubique.

Por último, antes de describir el *script* hay que tener en cuenta unos puntos:

1. Instalar **zenity.exe** en modo administrador (botón derecho **Ejecutar como administrador**).

2. Es necesario que habilitemos la política de ejecución correcta para la correcta ejecución del *script*.

3. Personaliza las variables generales al inicio del *script* (lo puedes hacer con el editor de textos).

El *script* quedaría de la siguiente manera:

```
# Variables Generales del programa

# Locación de la carpeta remota donde se alojan los datos
$espacio_remoto="\\VBOXSVR\Escritorio"

# Ruta local destino por defecto
$destino="C:\Users\Clara\Desktop"

#Nombre carpeta nueva
$carpeta_nueva="david"

######################################
#Funciones generales
```

```
#Función de grabación a destino
function grabar(){
    #Reutilizo el contenido del resultado de búsqueda
    #Lo recorro por si hubiera más de uno
    foreach ($origen in $resultB)
    {
        #Copia el contenido encontrado a la carpeta destino (por defecto u otra)
        #Controla errores parcialmente. No hace bucle en caso de error
        switch ($tipoCopia){
            D { Write-Host "Copiando el fichero "$origen " en "$destino
                Copy-Item $origen $destino
             }
            P { $destino=Read-Host "Dime el destino"
                Write-Host "Copiando el fichero "$origen " en "$destino
                Copy-Item $origen $destino
             }
            default {zenity --error --text="Error en la selección Tipo de Copia"}
        }
    }
}


######################################
#CUERPO PRINCIPAL
#Genero la conexión remota a la carpeta compartida
net use x: $espacio_remoto

#Petición listado carpetas a través de ZENITY para windows -- separador ";"
y activo selección múltiple de carpetas

$listadoC=zenity --file-selection --title="Seleccciona las carpetas donde
buscar" --multiple --directory --separator=";" --filename="x:\"

#Pregunta criterio de búsqueda
$TipoBusqueda=zenity --list --text="Elige la opción de búsqueda"
```

```
--column="Opción" --column="Descripción" A "Por fragmento del nombre"
B "Ultimo creado dentro de los que coincidan con el criterio" C "Copiar el
contenido completo de una carpeta"
#Continuo solo si no es carpeta completa
if ($TipoBusqueda -ne "C"){
#Separa cada una de las selecionaes en un campo de un array
   $listadoC=$listadoC -split ";"


   $criterio=zenity --entry --text="Indica el texto que debe contener"

# Ubica el destino
   $TipoCopia=zenity --list --text="Indica el destino" --column="Opción"
--column="Descripción" D "Por defecto '$destino'" P "Personalizado"
}

#Si he cerrado la ventana de selección nos lanzará un error, si no empieza el
proceso
#Nunca entrará porque la ruta inicial esta definida a X:\
if ($listadoC -eq "x:\") {
     zenity --error --text="No ha seleccionado ningún archivo o ha fallado algo."
}else{
   #Recorre todas las carpetas listadas en la selección
   #No valida errores del tipo $args.Count
   foreach ($carpeta in $listadoC){
      Write-Host "Entrando en la carpeta" $carpeta

   #Según el criterio busca dentro
   #Controla errores parcialmente. No hace bucle en caso de error
      switch ($tipoBusqueda){
         A { $resultB=Get-ChildItem $carpeta/*$criterio*
            #Manda a la función de grabar
            grabar($reultB)
         }
         B { $resultB=Get-ChildItem $carpeta/*$criterio* | Sort-Object
```

```
        $resultB=$resultB[$resultB.count -1]
        grabar($resultB)
      }
   C { new-item -type directory -path $destino\$carpeta_nueva
      Copy-Item $carpeta\* $destino\$carpeta_nueva\
      }
   default {zenity --error --text="Error en la selección Busqueda"}
   }
  }
 }

#Desmonto la conexión remota a la carpeta compartida

net use x: /delete
```

La ejecución mostrará las siguientes ventanas:

▶ Lo primero que se nos solicitará es que indiquemos qué carpeta (dentro de la carpeta compartida) queremos copiar.

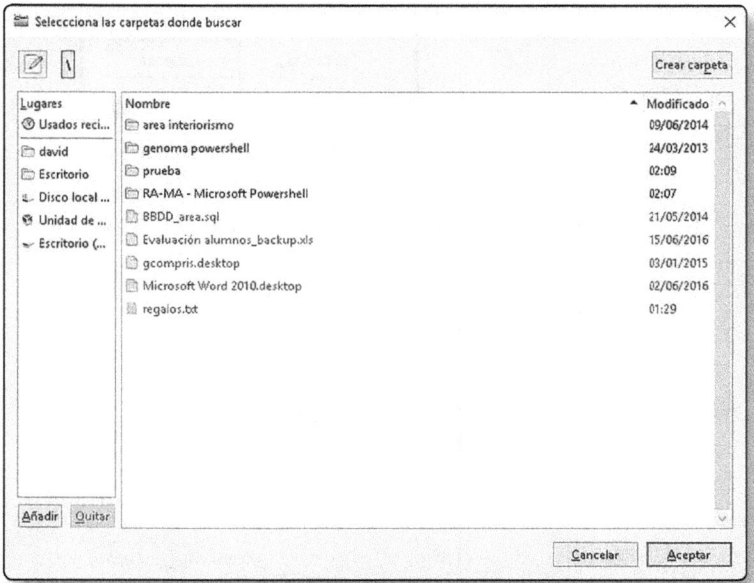

Figura 12.1. Solicitud de carpeta

▼ Lo siguiente será indicar el tipo de copia a realizar.

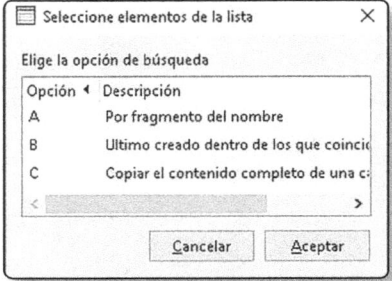

Figura 12.2. Selección opciones

▼ En el caso de que la solicitud de copia no sea completa, se nos pedirá que indiquemos la expresión regular para la búsqueda de coincidencias con el nombre.

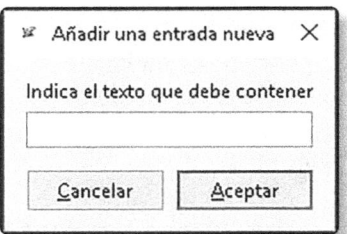

Figura 12.3. Criterio búsqueda

▼ Por último, tendremos que indicar el destino de copia.

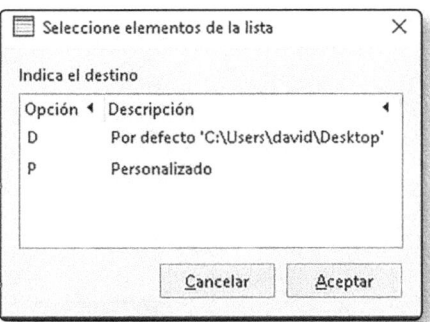

Figura 12.4. Opciones de copia

Anexo I

LISTADO DE CMDLETS

En este anexo vamos a presentar un resumen amplio de cmdlets vistos y no vistos, así como un listado de alias y algunas funciones.

Evidentemente no se mostrarán en su totalidad, aunque se recuerda que este listado completo se podrá conseguir mediante el cmdlet:

Get-Command

Igualmente, podremos obtener el listado de funciones, cmdlets o alias de manera exclusiva incluyendo el cmdlet anterior el parámetro siguiente:

get-command -CommandType TIPO

TIPO podrá ser **cmdlet**, **alias** o **function**.

RESUMEN DE CMDLETS

Algunos de los cmdlets que podemos encontrar son:

Cmdlet	Descripción
Clear-host	Limpiar pantalla
Export-Alias	Exporta información sobre los alias definidos
Format-Custom	Usa una vista personalizada
Format-List	Aplica a la salida el formato de una lista
Format-Table.	Aplica a la salida el formato de una tabla
Format-Wide	Formato de una tabla ancha

Get-Acl	Obtiene el descriptor de seguridad de un recurso
Get-Alias	Obtiene los alias de la sesión actual
Get-Command	Obtiene información básica de los cmdlets
Get-Content	Obtiene el contenido del elemento de una ubicación
Get-ChildItem	Obtiene el listado de elementos contenidos en una ubicación
Get-Date	Obtiene la fecha y hora actuales
Get-ExecutionPolicy	Obtiene la directiva de ejecución actual del Shell
Get-Help	Muestra información acerca de cmdlets y conceptos generales
Get-History	Obtiene una lista de los comandos usados
Get-Host	Información del *host*
Get-ItemProperty	Recupera las propiedades de un elemento específico
Get-Location	Obtiene información sobre la ubicación de trabajo
Get-Process	Obtiene los procesos que se están ejecutando en ese momento
Get-Service	Obtiene los servicios del equipo local
Get-Variable	Obtiene las variables de la consola actual
Import-Alias	Importa una lista de alias desde un archivo
New-Alias	Crea un nuevo alias
Out-File	Envía la salida a un archivo
Out-Printer	Envía la salida a una impresora
Read-Host	Lee una línea de entrada desde la consola
Restart-Service	Detiene e inicia un servicio
Resume-Service	Reanuda un servicio
Set-Acl	Cambia el descriptor de seguridad de un recurso
Set-Alias	Crea o cambia un alias
Set-Date	Cambia la hora del sistema
Set-ExecutionPolicy	Establece una directiva de seguridad
Set-Location	Establece una nueva ubicación de trabajo
Start-Service	Inicia un servicio
Stop-Process	Detiene el proceso
Stop-Service	Detiene un servicio
Suspend-Service	Suspende un servicio
Write-Error	Escribe un objeto en la canalización de errores
Write-Host	Escribe un mensaje de salida
Write-Progress	Muestra una barra de progreso
Write-Warning	Escribe un mensaje de advertencia

Tabla Anexo I.1. Resumen de algunos cmdlets

RESUMEN DE ALIAS DE LOS CMDLETS

Algunos de los alias presentes son:

Cmdlet	Alias
Clear-host	cls
Get-Content	type
Get-ChildItem	Ls o dir
Get-Help	man
Get-History	ghy
Get-Location	pwd
Get-Process	ps
Out-Printer	Lp
Set-Location	Cd o chdir
Stop-Process	kill

Tabla Anexo I.2. Resumen de algunos alias

Anexo II

HOJAS RESUMEN

Para que el lector pueda trabajar de una manera más cómoda y una vez entienda el modelo de trabajo de Microsoft Windows PowerShell, vamos a crear unas páginas resumen donde, a modo de "chuleta", se pueda consultar de manera rápida los componentes descritos en la obra.

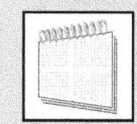

NOTA
Estas hojas están disponibles en PDF para su impresión junto al material adicional.

Se recomienda que se imprima el PDF adjunto y se tenga a mano para de esta manera agilizar el desarrollo de nuestros *scripts*.

Resumen de MS Windows Powershell

AYUDA

Get-Help

Get-Command

AYUDA AVANZADA

Get-Help *cmdlet de ayuda* (ayuda de un cmdlet concreto)

Get-Help About* (Listado de manuales avanzados y completos)

VARIABLES

$nombre_variable (No se iniciará con número ni carácter especial. Primer carácter será $)

[int] $nombre_variable (Fuerza el contenido de la variable al tipo descrito entre corchetes)

VARIABLES ESPECIALES

$NUM	Parámetro NUM	$?	Resultado ejecución	$error	Registro de error

ARRAYS

$nombre_array = 1,2,3 (En la declaración los elementos se separan por comas)

$nombre_variable[posición] (la primera posición será la cero)

REDIRECIÓN, TUBERIAS Y COMODINES

REDIRECCIÓN		TUBERIAS	COMODINES	
>	Salida		?	Se sustituye por un carácter
>>	Salida concatenada		*	Uno o más caracteres
2>	Salida de error			

CMDLETS BÁSICOS PARA SCRIPTING

Clear-Host (Limpiar consola)   # (Carácter para insertar comentarios)

Write-Host "Escribe $variable" (Escribe en consola cadenas y contenido de variable)

$variable = Read-Host "Petición de datos" (Lee desde consola y lo almacena en la $variable)

Resumen de MS Windows Powershell

FLUJOS CONDICIONALES

IF	SWITH

If (condición) {
 	
    Ejecutar lo que queramos
 	
} elseif (condición) {
 	
    Ejecutar lo que queramos
 	
} else {
 	
    Ejecutar lo que queramos
 	
}
	Switch (scadena){
	
	    1 { Ejecutar lo que queramos }
	
	    "contenido" { Ejecutar lo que queramos }
	
	    3 { Ejecutar lo que queramos }
	
	    Default { Ejecutar lo que queramos }
	
	}

FLUJOS REPETITIVOS

FOR	DO-WHILE

For (inicio; condición; paso_siguiente){
 	
    Ejecutar lo que queramos
 	
}
	Do {
	
	    Ejecutar lo que queramos
	
	} While (condición)

FOREACH	**DO-UNTIL**

Foreach ($a in Get-ChildItem "C:\"){
 	
    Ejecutar lo que queramos
 	
}
	Do {
	
	    Ejecutar lo que queramos
	
	} Until (condición)

FUNCIONES

function nombre_función {

    param([tipo]nombre_variable)

    Código de la función

}

David Rodríguez de Sepúlveda Maillo | Ra-Ma editorial

Resumen de MS Windows Powershell

SEGURIDAD

New-SelfSignedCertificate -CertStoreLocation Cert:\localmachine\My -DnsName cert.clara -Type CodeSigningCert (Creación de certificado)

Get-ChildItem Cert:\LocalMachine\My\-CodeSigningCert (listar certificados creados)

$c = Get-ChildItem Cert:\LocalMachine\My\Thumbprint_del_certificado -CodeSigningCert

Set-AuthenticodeSignature Script_a_firmar -Certificate $c (Firmar script con certificado)

Get-ExecutionPolicy (Ver política actual)

Set-ExecutionPolicy -Scope Ambito Politica (Establecer una nueva política)

[Restricted | AllSigned | RemoteSigned | Unrestrictred | ByPass | Undefined] (Politicas)

[Process | CurrentUser | LocalMachine] (Ambitos)

GESTIÓN DE PAQUETES

Find-Package

Find-PackageProvider

Get-Package

Get-PackageProvider

Get-PackageSource

Import-PackageProvider

Install-Package

Install-PackageProvider

Register-PackageSource

Save-Package

Set-PackageSource

Uninstall-Package

Unregister-PackageResource

MS WINDOWS POWERSHELL ISE

New-Item -Type file -Path $profile -Force (Nuevo perfil)

$psISE.Options (Opciones definidas)

MICROSOFT WINDOWS POWERSHELL

Teclas rápidas asociadas al diseño	
CTRL + SHIFT + símbolo suma (+)	CTRL – SHIFT – símbolo suma (-)
CTRL + SHIFT – scroll ratón arriba	CTRL + SHIFT + scroll ratón abajo
ALT – ENTER	SHIFT + Flecha derecha
CTRL A	SHIFT + Flecha izquierda
CTRL – V	SHIFT – FIN
CTRL – C	SHIFT + INICIO
Flecha arriba y abajo	CTRL – SHIFT + Flecha derecha

David Rodríguez de Sepúlveda Maillo | Ra-Ma editorial

Anexo III

ZENITY

Como última parte de la obra vamos a tratar un *software* que, no siendo desarrollado ni mantenido por Microsoft, nos aportará gran funcionalidad a nuestros *scripts* desarrollados con Microsoft Windows PowerShell.

El *software* en cuestión es **Zenity**, un *software* que puesto en producción se reduce a un solo comando con el mismo nombre que, dependiendo de los parámetros que se le pasen, nos devolverá una ventana gráfica u otra, y que podremos utilizar para obtener información de diferentes tipos que luego será utilizada en nuestro *script* de Microsoft Windows PowerShell.

Además, **Zenity** nos aportará una ventaja más, y es que siendo *software* libre no tendremos problemas en la adquisición, uso o distribución de los *scripts* desarrollados con él.

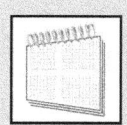
NOTA
Puedes ver un ejemplo de uso en el ejemplo práctico número 3 planteado anteriormente.

DESCARGA E INSTALACIÓN

Lo primero que tenemos que indicar es que **Zenity** es un proyecto desarrollado para GNU/Linux, pero existe un desarrollo paralelo que ha adaptado dicho *software* a Microsoft Windows. La página desde donde podremos descargar el proyecto paralelo para Microsoft Windows y por tanto su instalador es *http://www.placella.com/software/zenity/*.

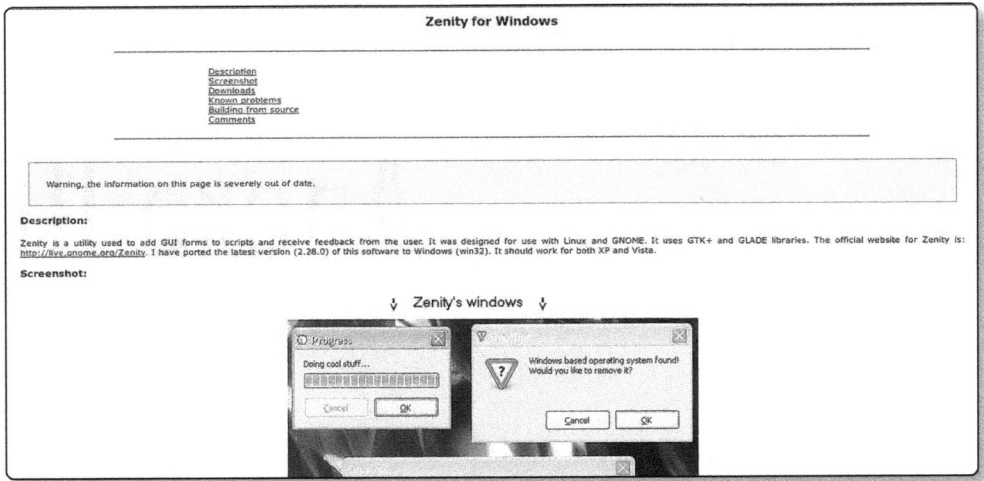

Figura Anexo III.1. Web del proyecto Zenity para Microsoft Windows

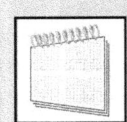

NOTA
La página web del proyecto original es *https://help.gnome.org/users/zenity/stable/index.html.es*.

Una vez descargado el proceso de instalación no tiene mayor dificultad. Eso sí, tendremos que lanzar dicho proceso en modo administrador pulsando el botón derecho del ratón sobre el fichero y seleccionando **Ejecutar como administrador**.

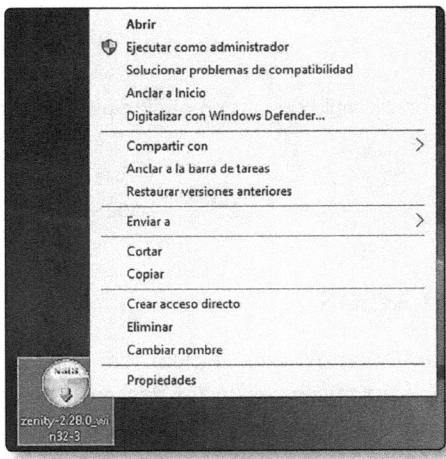

Figura Anexo III.2. Ejecución como administrador del instalador

Por lo demás, lo único a tener en cuenta es que la aprobación de licencia se llevará a cabo conforme los acuerdos de GNU.

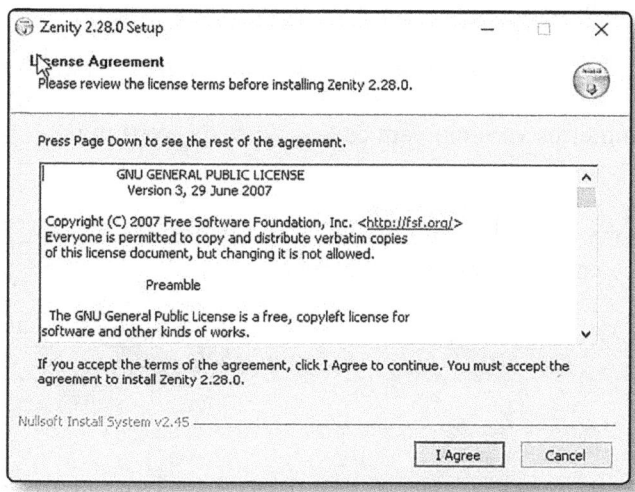

Figura Anexo III.3. Licencia GNU de Zenity

A partir de este momento tendremos instalado **Zenity** y se habrá incluido en el **PATH,** de manera que podremos comprobar su correcto funcionamiento con el comando:

zenity --info --text="Mi primera ventana con Zenity "

Este comando puede ser ejecutado para su prueba tanto en la consola de Microsoft Windows PowerShell, como en la clásica **cmd**. En ambos casos el resultado debe ser similar a la imagen siguiente.

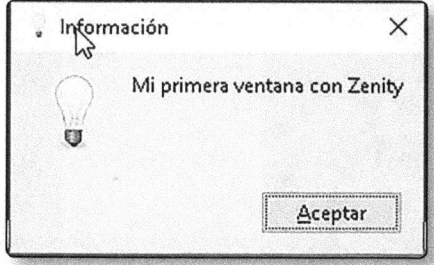

Figura Anexo III.4. Ventana de mensaje de Zenity

FUNCIONAMIENTO

El funcionamiento de **Zenity** no es complejo. Cualquier ventana que queramos hacer que aparezca seguirá la misma estructura básica.

zenity --Tipo_de_ventana --Parametros_de_la_ventana

Los parámetros variarán para cada **--Tipo_de_ventana**.

> **NOTA**
> Podemos ver la ayuda tecleando:
>
> *Zenity --help*

ELEMENTOS DE ZENITY

Los tipos de ventana que **Zenity** nos ofrece son muy variados. Podemos manejar ventanas del tipo:

Ventana	Descripción
--calendar	Muestra el calendario. Sus posibles parámetros son **--text** (texto que mostrará el calendario), **--day** (día preseleccionado), **--month** (mes preseleccionado), **--year** (año preseleccionado, **--date-format** (formato en que se almacenará la información tras pulsar **Aceptar**)

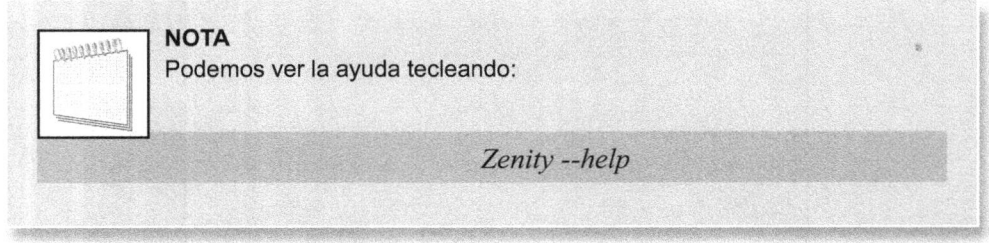

--entry	Entrada de texto simple. **--text**, **--entry-text** (texto inicial), **--hide-text** (oculta el texto de entrada) 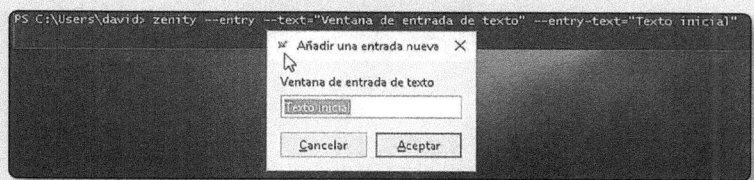	
--list	Lista de elementos definibles. Sus opciones: **--text** (descripción), **--column** (encabezado), **--checklist** (primera columna con áreas de selección múltiple), **--radiolist** (primera columna con áreas de selección única), **--editable** (hacer editable la lista creada), **--separator**, **--multiple** (selección múltiple), **--print-column** (contenido que se imprime tras pulsar **Aceptar**), **--hide-column** 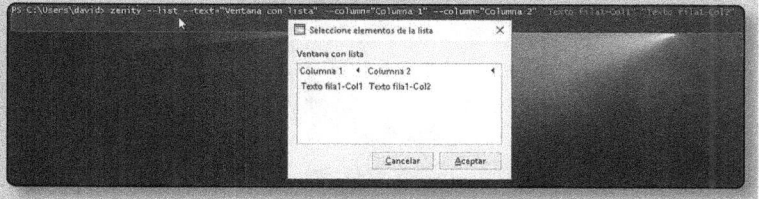	
--progress	Ventana de progreso. **--text**, **--percentage** (porcentaje inicial), **--auto-close** (se cierra al alcanzar el 100% de estado), **--pulsate** (barra de progreso parpadeante) 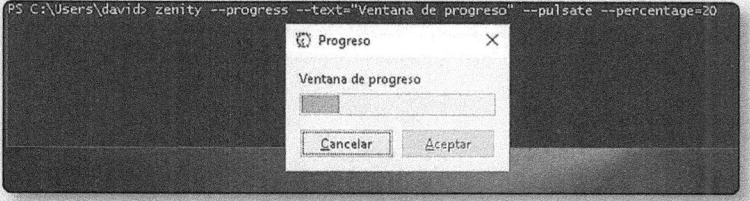	
--scale	Muestra un cuadro de diálogo con una barra en la que podremos seleccionar un valor. Los parámetros son: **--text**, **--value** (valor inicial), **--min-value** (mínimo valor de la escala), **--max-value** (máximo valor de la escala), **--step** (establece el modo de avance al arrastrar), **--print-partial** (devuelve el valor de cada cambio y no solo el que se devuelve tras la pulsación de **Aceptar**), **--hide-value** (oculta el valor) 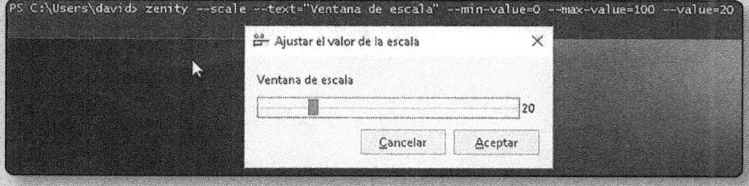	

--text-info	Ventana con texto informativo. **--filename** (carga el texto de un determinado archivo), **--editable**
--warning	
--error	
--info	

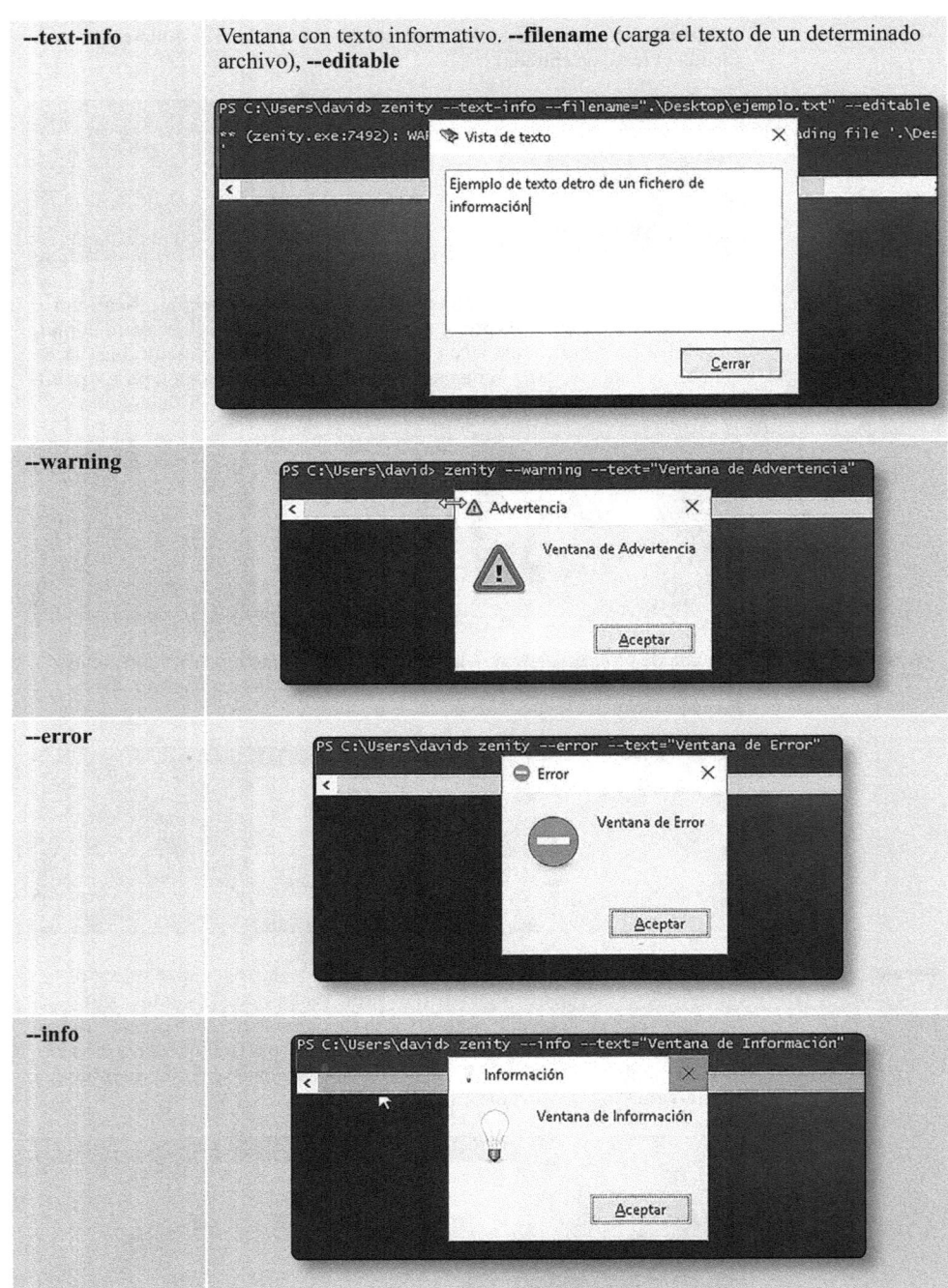

--question	Se nos mostrará un texto y la opción **Sí** o **No**
--file-selection	Selección de ficheros desde una ruta. **--filename** (ruta y fichero preseleccionado), **--multiple** (permite multiple selección), **--directory** (solo permitirá directorios), **--save** (muestra **Guardar** en lugar de **Aceptar**), **--separator** (separador), **--confirm-overwrite** (petición de confirmación en caso de existir el texto indicado), **--file-filter** (filtro de selección)

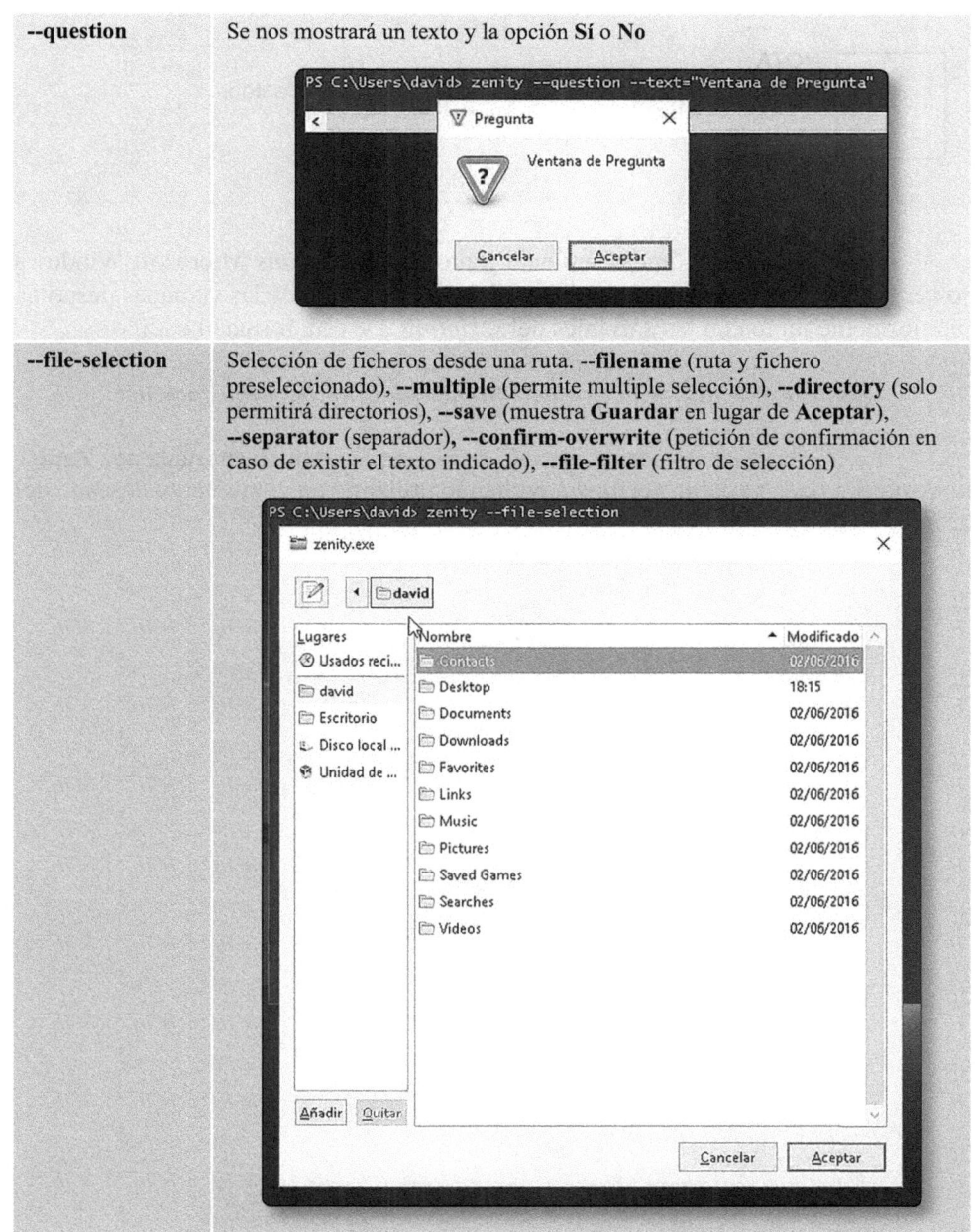

Tabla Anexo III.1. Listado de ventanas de Zenity

NOTA
En todos los casos lleva doble – antes del tipo de ventana.

Para su correcto funcionamiento junto con los *scripts* Microsoft Windows PowerShell lo que haremos es combinar el funcionamiento de las ventanas descritas anteriormente junto con las variables del *scripting*. De esta forma el código:

$criterio=zenity --entry --text="Indica el texto que debe contener"

Lo que hará es almacenar el texto escrito en la ventana aportada por **Zenity** en el interior de la variable **$criterio**, pudiendo utilizarlo en el momento deseado del *script*.

MATERIAL ADICIONAL

El material adicional de este libro puede descargarlo en nuestro portal web: *http://www.ra-ma.es*.

Debe dirigirse a la ficha correspondiente a esta obra, dentro de la ficha encontrará el enlace para poder realizar la descarga. Dicha descarga consiste en un fichero ZIP con una contraseña de este tipo: XXX-XX-XXXX-XXX-X la cual se corresponde con el ISBN de este libro.

Podrá localizar el número de ISBN en la página IV (página de créditos). Para su correcta descompresión deberá introducir los dígitos y los guiones.

Cuando descomprima el fichero obtendrá los archivos que complementan al libro para que pueda continuar con su aprendizaje.

INFORMACIÓN ADICIONAL Y GARANTÍA

- ▶ RA-MA EDITORIAL garantiza que estos contenidos han sido sometidos a un riguroso control de calidad.

- ▶ Los archivos están libres de virus, para comprobarlo se han utilizado las últimas versiones de los antivirus líderes en el mercado.

- ▶ RA-MA EDITORIAL no se hace responsable de cualquier pérdida, daño o costes provocados por el uso incorrecto del contenido descargable.

- ▶ Este material es gratuito y se distribuye como contenido complementario al libro que ha adquirido, por lo que queda terminantemente prohibida su venta o distribución.

ÍNDICE ALFABÉTICO

A

About_Aliases, 67, 68
Active Directory, 37
Actualización, 19, 26, 61, 62, 63, 127
Alias, 17, 34, 35, 36, 39, 40, 41, 42, 50, 57, 58, 59, 67, 70, 147, 148, 149
AllSigned, 118, 125
Ámbito, 124, 125
Ámbito global, 120
Árbol, 47
Array, 91, 92, 144
Autocompletado, 39, 79
Ayuda, 18, 39, 43, 61, 62, 63, 64, 65, 66, 67, 68, 70, 71, 73, 78, 79, 80, 81, 158

B

Batch, 18
Búfer, 30
Build, 38
Bypass, 119

C

Carácter comodín, 56
Características, 19, 20, 79
Catálogo, 77

Chrome, 130
CLI, 15
cmd, 15, 16, 35, 157
cmdlets, 17, 18, 34, 35, 36, 37, 39, 40, 42, 43, 47, 50, 51, 54, 55, 57, 61, 66, 68, 69, 70, 71, 72, 73, 77, 79, 85, 90, 94, 107, 117, 118, 129, 135, 147, 148
Comand Shell, 15
Comillas dobles, 88
Comillas simples, 88
Command-Line Interface, 15
Consola, 15, 16, 18, 22, 27, 28, 29, 31, 32, 35, 36, 37, 39, 40, 49, 50, 51, 58, 62, 63, 71, 73, 75, 77, 80, 82, 95, 117, 118, 121, 124, 125, 128, 131, 138, 148, 157
Cortana, 19, 21, 75

D

debbuger, 82
depuración, 18, 82, 84
Depurar, 82, 83
Diseño, 30
dns, 120, 121
DOS, 16, 41

E

Edición, 80
Editor, 86, 98, 142
Ejecución selectiva, 80
Elemento gráfico, 101
Esquema, 78
Estructuras de control, 85

F

Firmar, 120, 122, 138
Foreach, 112
Formato iso, 98
Formulario, 101, 102, 103, 104, 105
Framework .NET, 17, 18
Función, 33, 34, 36, 58, 70, 88, 104, 100, 107, 113, 114, 115, 116, 138, 140, 144, 147

G

Gestión de versión, 86
Gestor de paquetes, 128, 129, 130, 133
GNU, 35, 41, 127, 128, 155, 157
GNU/Linux, 35, 41, 127, 128, 155

H

Herramientas, 77
HKLM, 50

I

Idioma, 90
IntelliSense, 78
ISE, 17, 21, 22, 26, 75, 76, 77, 78, 80, 81, 82, 84, 86, 117

L

Licencia, 25, 157

M

Management, 25
Manuales, 61, 68, 73
Mensajes de advertencia, 53, 81, 118, 119

Mensajes de error, 53, 81
Monad, 16, 18

N

NDP, 23
Notepad, 75
NuGet, 128

O

on-line, 63, 68
Opacidad, 31
Opciones, 20, 28, 29, 77
Operadores, 92, 107, 108

P

Paquetes, 18, 63, 127, 128, 129, 130, 131, 132
Parámetro, 40
Paso a paso, 82
Perfil, 31, 32, 78, 80, 81, 84
Personalización, 27, 28, 77, 99, 102
Pipe, 54
Política, 40, 118, 123, 124, 125
Powershell-ISE, 76
Propiedades, 28, 29, 32, 81, 101, 102, 119, 148
Proveedores, 129, 133, 134
ps1, 75, 95
Punto de control, 83, 84
Punto de interrupción, 83

R

Raíz, 50
Redirección, 53, 54
Regedit, 23
Registro, 23, 49, 50, 124
RemoteSigned, 118, 120, 125
Requisitos, 15, 17
Restricted, 118, 119, 123
Revisión, 38
Rutas absolutas, 43
Rutas relativas, 43, 44

S

Salida estándar, 53
Script, 15, 16, 17, 18, 75, 77, 78, 80, 81, 82, 83, 84, 85, 86, 90, 93, 94, 95, 97, 98, 101, 111, 117, 118, 119, 120, 121, 122, 123, 125, 132, 135, 136, 138, 141, 142, 155, 162, 151, 155, 16
Scripting, 16, 18, 85, 97, 107, 162
See also, 68
Seguridad, 15, 16, 17, 40, 81, 86, 117, 119, 123, 141, 148
Sensitivo, 39
Sesión, 90, 148
Símbolo, 33, 54, 87, 92
Sintaxis, 66
Sistema, 11, 16, 19, 20, 25, 26, 30, 44, 50, 51, 52, 53, 54, 61, 82, 90, 97, 118, 123, 124, 127, 132, 135, 148
Software libre, 135, 141, 155
Subclave, 23
System32, 43

T

TAB, 34, 39
Teclas rápidas, 32, 33, 36
Tubería, 47, 54, 55, 88

U

Ubicación, 47, 136, 148
Unrestricted, 118

V

Variable, 38, 39, 87, 88, 89, 91, 92, 93, 94, 95, 97, 100, 101, 103, 110, 111, 112, 113, 115, 116, 121, 122, 136, 137, 138, 162
Ventana gráfica, 155
Verbo, 40, 71
Versiones, 15, 16, 17, 18, 23, 24, 33, 118, 120
Vínculos, 66
Visual Studio, 128

Z

Zenity, 141, 155, 156, 157, 158, 161, 162

www.ingramcontent.com/pod-product-compliance
Lightning Source LLC
Chambersburg PA
CBHW081939170426
43202CB00018B/2950